なぜ
オックスフォードが
世界一の大学
なのか

コリン・ジョイス

Colin Joyce　菅しおり＝訳

三賢社

オックスフォードのアイコンにして最愛の読書室、ラドクリフ・カメラ

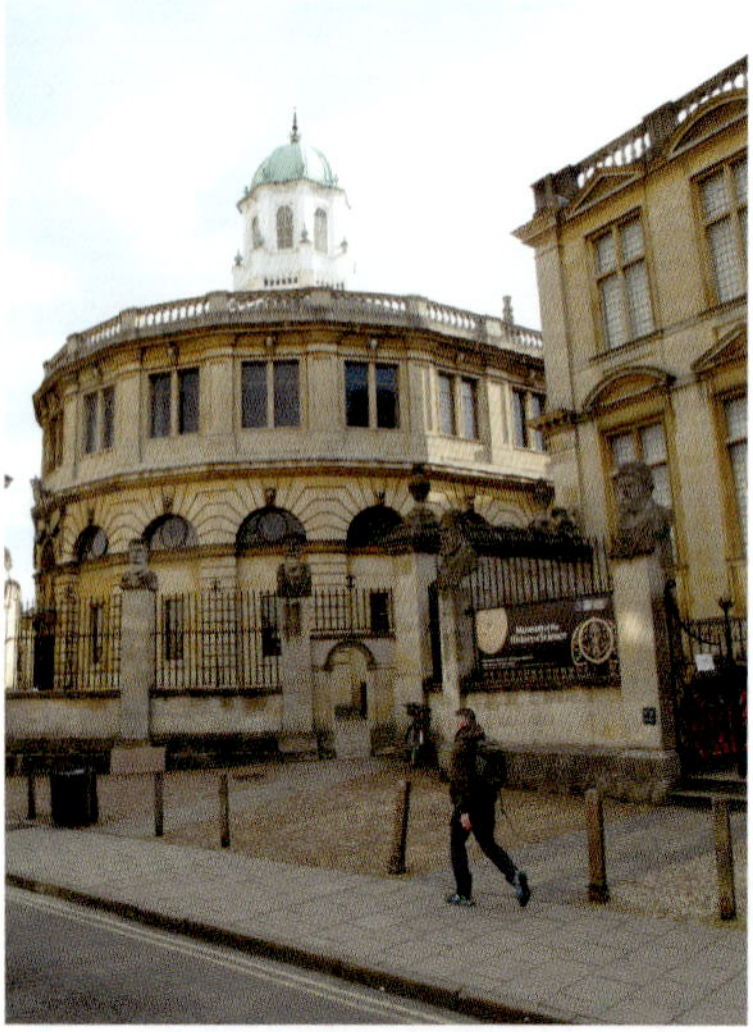

クリストファー・レンの手がけた、優美なシェルドニアン・シアター

オックスフォードの名目上の中心地、カーファックス・タワー

モードリン・カレッジが誇る、格調高い“夢見る尖塔”

ボドリアンの中庭は世界の知識に囲まれている。図書館なので、“どうぞお静かに”

オックスフォードの有名な"ため息橋"

偉人たちの視線に取り囲まれた壮大なダイニング・ホール

試験会場として使われている“悪夢”の建物

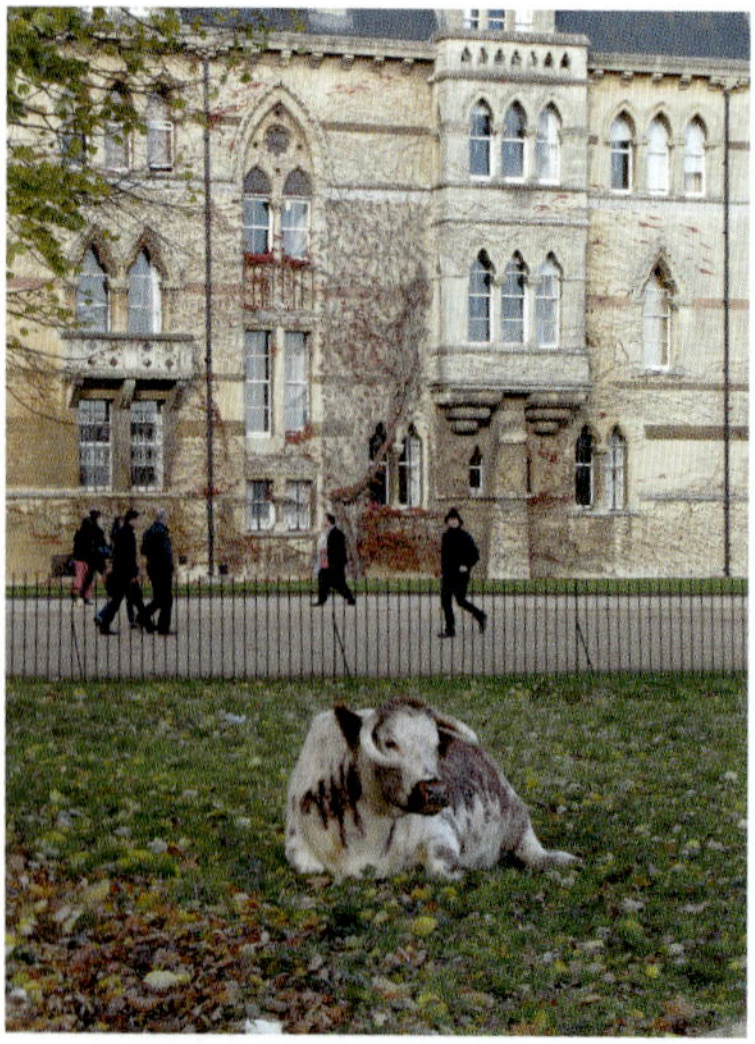

オックスフォードの"オックス"

かつて教会だった建物が、今はカレッジの図書館に

オックスフォードの狭い通り。学生の自転車でさらに狭くなる

2頭のライオン、3羽のワタリガラス、
1本の剣に勝利の花輪。これがセント・
アンズ・カレッジの“にぎやかな”紋章

忙しい合間のちょっと
したおしゃべり

オックスフォード生が身につけるカレッジのマフラー、ネクタイ、トレーナーのあれこれ。ただし、"Oxford University"のロゴ入りは観光客向け

〈ザ・ベア〉でビールを楽しむ人々。この歴史あるパブは、壁に飾られたネクタイの切れ端でも名高い

←オール・ソウルズ・カレッジは死者の記念碑。壮麗な礼拝堂がふさわしい

オックスフォードはすばらしい図書館に恵まれている。
そのひとつが、ここ〈ユニオン・ソサエティ〉にある

なぜオックスフォードが世界一の大学なのか

はじめに

オックスフォード大学は、世界に名だたる優秀な大学だ。だが圧倒的多数の人は、この大学のしくみに関する知識に乏しいか、ほとんど何も知らない。言い換えれば、オックスフォード大学を知ってはいても、何がオックスフォードをオックスフォードにしているのかを知らない。

ごく簡単に言うと、それがこの本を書いた理由だ。オックスフォードにまつわる体験を語り、この大学がなぜ特別なのかをどうにかして説明し、なぜ二〇一六年に（二〇一七年にも）《タイムズ・ハイアー・エデュケーション》ランキングで世界一位の大学に選ばれたのか、それを見抜く手がかりを提供したかった。

ぼくにとってオックスフォード大学は、〝運命の相手〟だった。そのみごとなまでの相性のよさときたら、まるであつらえたかのようだった。独自の選考過程（調べられたのは、ぼくの歴史の能力だけ）から、教授法（ほとんどぼくの勉強のやりかたに任された）、ぼくのとった専攻課程（同じ課程を設けているのは、イギリスではオックスフォード以外に一校だけだった）、試験制度（何もかもこれにかかっていた）に至るまで、すべてがぼくの性格、長所、好みにうまくはまっていたので、わが身の幸運が信じがたいほどだった。

当然ながら、ぼくとは違った長所や短所を備えた性格の人だと、オックスフォードのしくみにとことん向いていないと気づくことになるかもしれない。実際のところ、この大学のやりかたが合う人よりも合わない人のほうが多いと言ってもいいのではないだろうか。オックスフォードをお手本にしている大学なんて、世界じゅうでもほとんどない。オックスフォードのように、大学が小さなカレッジに分かれている大学はめずらしい。（オックスフォードではありうることだが）チューターが学生に対し、今期は講義にひとつも出なくていいとか、受けるにしても週にひとつだとか言うような高等教育機関など、ほぼ存在しない。

この本は模範を示そうとしているわけではない。ほかの大学もオックスフォード方式を採用するとよいとか、日本の学生は講義に出るのをやめるべきだとか言っているわけではなく、オックスフォードの姿をできる限り説明しているだけだ。考える材料になるといいとは思うけれど、誰にも何も押しつけるつもりはない。

ぼくはオックスフォードが世界一の大学に選ばれたと知って、うれしく思った。けれど、それまでは（オックスフォードが一位ではなかったときは）その手の調査にさほど注目したこともなかったので、あまり大した話だとは感じなかった。そういう調査には当然、もっともな判定基準があるわけだが――この本で説明したいと思う、もろもろの理由から――ぼくはオックスフォードこそ理想の学び舎だとずっと思っていた……理系の学生の何パーセントが卒業後半年以内に就職できるか、外国人留学生が何人在籍しているかというような基準とは関係なく。

　オックスフォードの特殊性たるや相当なものなので、例えば日本の人たちから誤解を受けるだけにとどまらない。イギリスの（ケンブリッジ大学を除く）他大学の卒業生でさえ、往々にしてオックスフォードのありようをつかんでいない。一例を挙げると、オックスフォードのクラスにはふつう何人いるのかと尋ねたりする。いわゆる〝クラス〟は存在しないと答えるのか、あるいはぼくの場合は平均一・三人、つまりぼくとチューターと、ときどき学生がもうひとりいたと言うのか、言葉に詰まってしまう。

　逆にぼくのほうも、ほかの人の大学にまつわる体験談を理解するのに苦労する。先日、ハーバード大学卒の友人と話したときは、〝クレジット〟（credit）ってなんだ、〝コア・カリキュラム〟（core curriculum）とはなんのことだと、いちいち話をさえぎらなくてはならなかった。院生が教える（自分と同じ学生が教える！）二〇名の小規模な（小規模!?）クラスで教わったという話には、仰天した。ちなみに友人の〝専攻科目《コンセントレーション》〟（concentration）

は日本語だったのに、一年生のときにアフリカの伝統音楽も履修したという。

この事実にどうしてぼくが面食らったかというと、オックスフォードの学生が学ぶのは旧来の科目で（数学、歴史、地理……）、よそに設けられている流行の、あるいは知名度の低い専攻課程を、ひどくおもしろく感じるのがつねだったからだ。ぼくらは競ってばかげた専攻課程をひねりだした。〝レゴ学〟とか〝英国モリスダンスの文化史〟とか〝鷲《わし》の足の修復学〟とか……。もっともハーバード卒の友人いわく、これはアメリカにもよくあるジョークで、なかでも〝水中籠編み学〟（Underwater Basket Weaving）というのが（存在はしないが）定番のへんてこ科目だそうだ。

人は自分の経験にもとづいた推測をするものだ。ぼくは日本の人に、イギリスではたいがいの学士課程が三年間だと、いったい何回話さなくてはならなかったことか……「いえ、四年じゃなくて三年なんです」、と。説明するのに慣れっこになった〝あたりまえ〟のことが（ぼくにとってはあたりまえのことが）、ほかにもいくつかあった。学生は学期中はほとんど誰もアルバイトをしなかったとか（学生であることが仕事だったから）、寮に〝門限〟はなかったとか（一八歳で成人と見なされるから）。オックスフォードは〝コクリツ〟なのか〝シリツ〟なのかと聞かれることにもうんざりだった。日本の制度にはあてはめられないので、どちらでもあるとも、どちらでもないとも言えるのだ。本書のあちこちでその手の基本的な思い違いを正そうとしているけれど、ぼくの真の目的は、オックスフォードに関する〝体験の全容〟みたいなものを伝えることにある。

そうは言っても、ぼくの全体像は〝ぼくから見た全体像〟にすぎない。ぼくは労働者階級出身の、一九八九年から九二年にかけてセント・アンズ・カレッジで古代・近代史を学んだ男子学生だった。もし理系の科目を学んでいたら、ぼくの体験はだいぶ違うものになっていただろう（理系の友人たちが〝実験室〟で何をしていたのか、いまだによくわからない）。セント・アンズほど質実な気風ではないカレッジや、もっとスポーツに力を入れているカレッジに入っていても、だいぶ違っただろう。それに今の学生は、ぼくの世代とはかなり異なる体験をしている（それはインターネットのせいだけではない）。

有名校出身の学生、親や親せきがオックスフォードに通っていた学生、オックスフォードに以前からの学友が何十人もいる学生は、ぼくとは異なる学生時代を過ごした。そういう人の大学時代の思い出は、豪華なパーティーや、歴史の詰まったダイニング・ホールでの宴《うたげ》だったりする。ぼくもわずかながらそういう体験もしたけれど、それが大学生活の中心ではなかった。〝平民の出《ノウス・ホモ》〟であることは、オックスフォードではおおむね不利に働いたけれど、そのかわりぼくはティーンになってからオックスフォードを積極的に〝発見していった〟とも言える——子どものころから少しずつ吸収していくのではなく。そういう立場だったおかげで、この大学のしくみの説明役としていっそう適任であるといいなと思う。読者のかたがたは、おそらくはオックスフォードに関して限られた知識からスタートするのだから。

オックスフォードの卒業生は、尽きることなき優越感とともに動いているわけではない——その理由が単に、学生時代をともに過ごし、連絡を取り続けている相手にくらべて優れてはいないから、というだけの話だったとしても。鼻にかけたり自慢したりするのは、見苦しく非英国的と見なされる。全体的に見てオックスフォードの卒業生は、学歴を必ずしも隠しはしないものの、ふつうは吹聴したりしない（ただし履歴書を除く）。母校のロゴ入りトレーナーを着たり、母校のステッカーを車に貼ったりしている卒業生を目にすることもない（アメリカ人の場合とは違って）。要するにぼくは、自分がこの本のために慎み深さを捨てて、オックスフォードを手放しで称賛しなくてはならなかったことを、読者のかたがたにご理解いただきたいのだ。そして自分の体験についていささかの自慢をすることを、どうかお許し願えればと思う。

三賢社の仲間は、いつものように頼もしく心強い存在だった。この本を発案したのは林史郎、オックスフォード大学が世界一の大学に選ばれる前のことだった。考えついた理由は、ひとつにはぼくが大学時代の話をするたびに、日本の教育を受けた人を困惑させたり、好奇心をかき立てたりしていたからだった。林良二と妻の陽子は、この本に取り組んでいるあいだ、何度もぼくを歓待してくれた（ぼくが飼っている亀の世話までしてくれた）。翻訳者の菅しおりは、むずかしい仕事を技量と忍耐をもってこなした。ぼくは訳文を読んで初めて、自分の説明に入り組んだ部分があったこと、翻訳者がそれを苦心して読みやすくかみくだいたことに気がついた。それでもこの本が、筋が通っていなかったり疑問に答えていなかったりするなら、責任はこのぼくにある。

Ⅲ　オックスブリッジは特権階級？

Ⅳ　さらに深く知るオックスフォード

I

オックスフォードはどこが優れているか

Chapter 1
すべては〝カレッジ〟から始まる

オックスフォード大学のいっぷう変わった点として挙げられるのが、大学自体に出願するのではないことだ。志願者は大学を構成するカレッジに入学を願い出る。三八のカレッジ（そのうち学部生を受け入れているカレッジは二一）のいずれかに入学を許可されなくてはならず、カレッジによって毛色が著しく異なることもある。

このしくみになじみがない人が聞くと、学科で分かれているのだろうとたいがい考える。例えば歴史ならリンカーン・カレッジ、数学ならキーブル・カレッジというふうに。だが実際には、カレッジと科目はほぼ無関係だ。どのカレッジでも、主要科目を学ぶ場が得られる。ごくまれに、ある科目を志望する学生を受け入れないカレッジもあるが、そういう科目は学問としてあまり主流ではなく、ふさわしいチューター（学生の個人指導にあたる教師）がそのカレッジにいない場合が多い。

（ぼくが学んだ〝古代・近代史〟も、そういうまれな科目のひとつだった。受け入れていないと表明していたカレッジはひとつだけだったが、じつはほかの複数のカレッジも、これを学ぶ学生を何年も受け入れていなかった）

また、カレッジが寄宿舎の枠をはるかに超えた存在であるのはまちがいない。たいがいの学生はカレッジで寝起きするだけでなく、週の大半はカレッジのダイニング・ホールで食事をとり、カレッジの図書館で勉強し、カレッジで大半のチュートリアル（個別指導）を受け、カレッジのチームで（ほかのカレッジを相手に）スポーツをし、カレッジのバーで飲み、たいてい同じカレッジの友人と遊ぶ。全国学生連盟のバーがないのも、めずらしい点だ。従って、他大学ではよく見られる〝全学の〟社交の中心地というものがない。大学や学部の図書館などの建物はある。どの講義も全カレッジの学生が受講できる。〝カレッジ共同〟のクラブや組織もある。入学試験も定期試験も卒業認定も、大学が取り仕切る。それでも、オックスフォードの学生生活の主軸は圧倒的にカレッジにあるのだ。

カレッジは驚くほど小規模だ。〝大型〟カレッジの学部生は四〇〇～五〇〇人、小型のカレッジなら通常二五〇人前後。ということは、学生数が一万人を超える大学にいながら、ともに多くの時間を過ごすのは、自分のカレッジの同学年の学部生一〇〇人ほどになるだろう。自分と同じ専攻となると、さらに少数のグループになる（通常は一〇人に満たない）。

これがいい方向に働けば、カレッジに〝親密さ〟が生まれ、他大学の漠とした〝匿名集団〟の雰囲気よりも心の支えになる。だが、ときとして閉所恐怖を催すというか、親密さの度が過ぎると感じられるかもしれない（自分が誰に熱を上げているのかも知れ渡る。きらいな相手とのつきあいを避けるのもむずかしい）。

カレッジというしくみはなんのためなのか、と訊かれることがある。簡潔に答えるなら、なんの〝ため〟でもない。おのずとそういうふうになっただけだ。ユニヴァーシティ・カレッジという、オックスフォード初のカレッジができたのは一二四九年。その後、アングロ・ノルマンの貴族、ジョン・デ・ベイリオルとその家族の寄付により、ベイリオル・カレッジがつくられた（一二六三年）。一年後、ふたりの王のもとで大法官を務めたウォルター・デ・マートンの指導のもとでマートン・カレッジができた。それから数百年にわたってカレッジの創設が続き、一三七九年にはニュー・カレッジが加わり（そう、当時は〝ニュー〟だったのだ）、最近の例では二〇〇八年にできたグリーン・テンプルトン・カレッジが挙げられる。

このように、カレッジというしくみは自然発生的にできた。何百年もかけて諸学派や宗教的な共同体が生まれていき、それぞれの伝統と歴史を持っていた。そういうカレッジによって、いまオックスフォード大学として知られるものが形成されているが、大学自体には公式の創設年がない（カレッジの創設以前の、はるか一一世紀のむかしに学府としての記録が残っていることから、オックスフォード大学は〈イタリアのボローニャ大学に次いで〉世界で二番めに古い大学と言われている）。構成要素のすべて、あるいは大部分とともに創設されるような、現代の大学のなりたちとはかなり異なっているのだ。

こうして育まれたカレッジという組織は、オックスフォード大学を構成するだいじな要素になっている。こんな突拍子もない話は記すのもためらわれるが、これがもっと〝ふつう〟の、もしかするともっと合理的な形態へ変わっていくことなどありえない。富裕な卒業生からの寄付金もほとんどの場合、大学全体にでもなければ学んだ学部にでもなく、所属したカレッジに贈られる。昔も今も、学生はたいてい自分の所属を、まずはカレッジ、次に専攻、その次に大学と考える。

オックスフォードの卒業生がどこの大学かと訊かれたら、オックスブリッジ（オックスフォード大学とケンブリッジ大学の併称）の出ではないとふんだ相手に対しては「オックスフォード」と答えるのではないだろうか。しかし、オックスブリッジ仲間が相手だと、こういう回答では不十分とみなされ、すぐさまどこのカレッジか問いただされるだろう（ひょっとすると専攻も）。

あるカレッジに接する機会がごくわずか、あるいはまったくないまま学生生活を終えることもありうる。ぼくはコーパス・クリスティやオリオルの学生とはまったく交流がなかった。セント・ヒルダズやセント・ピーターズに足を踏み入れたこともない。ぼくにとってキーブルは、自転車で通りかかる謎めいた館だった（異様なれんが造りの建物がヴィクトリア朝の牢獄を思わせた）。いくつかのカレッジとはわずかながらかかわりを持つことがあったが、ぼくの帰属する先は圧倒的に――ほとんどのオックスフォード生と同じように――自分のカレッジだった。

だからオックスフォードの学生が自分を〝オックスフォード生〟と見なすのは、たいていオックスフォード出ではない人との対比においてのみ。オックスフォード生という意識が最も強くなるのは、その対比が最も著しい場合であり、つまりはオックスフォードの〝タウニーズ（住民）〟やケンブリッジ生が相手の場合だ。オックスフォードの卒業生ならみな、例えばオックスフォード大学対ケンブリッジ大学の〝ザ・ボート・レース〟で自分の大学のチームを応援する――だが、たいていは同じカレッジだった友人たちと行くだろう。

オックスフォード大学は強力な〝ブランド〟なので、ロゴ入り商品の販売でまずまずの成功を収めている。なかでも〝Oxford University〟のロゴ入りのトレーナーが人気のようだ。だが、それを着ている人を見かけたら、観光客が買ったものと考えてほぼまちがいない。そういうものを着るオックスフォード生はほとんどいないはずだ。身につけるとしたらカレッジのサッカーチームのトレーナー、カレッジ・カラーのマフラー、場によってはカレッジのネクタイやカフリンクスだ。

こんなぐあいにカレッジ選びは重大な案件なのだが、多くの受験生はまともな知識がほとんどないまま決めることになる。カレッジの全容を知るには実際に入ってみるしかない。選択の根拠は、限られた〝入手可能な〟情報（そのカレッジの歴史学のチューターは誰か？　寮の環境は快適か？　立地はよいか？　優秀なラグビーチームがあるか？）、そしていくつかの一般論だ。ぼくの時代のおきまりの説をふりかえってみよう。〝クライスト・チャーチ・カレッジは、単なるお坊ちゃん向けではなく、大学生活をお坊ちゃんと過ごしたいお坊ちゃん向け〟。セント・ジョンズはすさまじく頭の切れる者向け。マートンなら物静かで勉強好きな学生。クイーンズならスポーツが得意でビール好きなタイプ。ウォドムは急進左派の学生の巣窟。

もちろん、こういう大ざっぱな一般論にはおびただしい例外が含まれているが、風説のなかの事実が永続性を持つ傾向にある。とびきり聡明な生徒はセント・ジョンズやマートンに引かれ、保守派はウォドムを避けるというように。たまに、場違いなカレッジに行き着いた学生にも出くわすだろう。ビールを頭からかけられやしないかと、クイーンズ・カレッジのバーに入るのを怖がるおとなしい学生とか、タキシードを持っておらず、どの皿にどのフォークを使うのかもわからないという、公立学校出のクライスト・チャーチの学生とか。しかるべきカレッジに身を置くかどうかで大学生活が大きく違ってくる可能性があるが、幸いおおかたの者は自分に合った居場所を見つけるか、少なくとも選んだカレッジを愛することを〝学ぶ〟ようだ。

ぼくはカレッジというしくみによって、学生生活にさらなる競争が生まれると思う。オックスフォード生が競うのは、単によい成績をとるため、あるいは互いと張り合って、あるいは優秀な他大学を相手に自校に学問上の栄誉をもたらすためではない。自分のカレッジのためによい成績を収めたいと考え、スポーツや学問での名声を求めて、卒業後までも競うのだ（ぼくらはいつの日かカレッジの〝高名な卒業生〟のリストに名を連ねることを夢見ている。大学史に残る人物となる可能性はほとんどないと承知していながらも）。

進学先として〝最高〟のカレッジというものはないが、カレッジ間の差は存在する。よく知られた話だが、〝ノリントン・テーブル〟という制度が、学生の卒業試験の成績にもとづくポイント制によって、各カレッジの学力の格付けを行っている。例えば五位と一五位にさほどの差があるわけではないので、完璧なシステムとは言えないが、それでもどのカレッジが一貫して〝第一級〟の成績取得者が多く〝第三級〟が少ないかの、いちばんいいめやすにはなる。卒業時の学位を授与するのは大学（学位記にカレッジ名の記載はなし）なので、どのカレッジで取った学位であろうと、同じ値打ちがある。そして、格付け下位のカレッジの学生でも〝第一級〟の成績をとれる（ぼくもそのひとりだ）。だがセント・ジョンズに入るのは、例えばセント・ピーターズよりもちょっとだけむずかしいので、セント・ジョンズのほうがやや格上ということを、オックスフォードという苛烈な競争の場に身を置く誰もが知っている。

もうひとつの重要な要因が、カレッジ創立からの年数と建築物だ。おおまかに言うと、一七世紀より前にできたカレッジは、それ以降のカレッジよりも優美ではあるものの、古ければ古いほどよいというわけでもない。クライスト・チャーチは（一六世紀の創立なので、最古のカレッジよりも数百年は新しいが）、おそらく最も〝古雅〟なカレッジで、中庭には噴水が、正門には威厳に満ちたトム・タワーがある。クライスト・チャーチ裏手の草地越しの風景は、いかにも伝統あるオックスフォードらしいし、カレッジの礼拝堂も文字どおりの大聖堂だ。だが多くの人は、鹿のいる公園や数々の中庭のあるモードリン・カレッジ（一五世紀）を好む。ロンドンから車でオックスフォードに赴く際には、モードリンの壮麗な尖塔が見えた瞬間に大学の領土に入ったことになるので、少なくともぼくにとっては、その眺めは特権的なすばらしい世界へ足を踏み入れるという、しあわせな思いと結びついている。

もっと古いカレッジのいくつかは歴史にあふれ、国内の全大学をもってしてもかなわないほど、数多《あまた》の高名な卒業生を輩出している。例えばクライスト・チャーチだけでも、イギリスの五四人の首相のうち一三人を出している。古いカレッジだとたいがい、寄付による莫大な富を誇っている。オックスフォード大学のセント・ジョンズ・カレッジからケンブリッジ大学のセント・ジョンズ・カレッジまで、両カレッジの敷地から出ずに歩けるという話がある。つくり話ではあるが、ありそうに思える。豊かなカレッジほど膨大な富を有し、学生たちはその富を壮麗なダイニング・ホール、高価な美術蒐集品、カレッジのボート・ハウスやスポーツ用の敷地、さらには学生の川遊びに貸し出されるカレッジ所有の平底舟という形で享受する。

オックスフォードの理屈からすると、（一八七〇年創立の）キーブル・カレッジは〝後発〟カレッジの先駆けだ。もちろんキーブルはイギリスや世界の大半の大学よりも古く、東京大学（一八七七年創立）をも凌《しの》いでいる。ぼくが通ったセント・アンズが完全なカレッジの形をなしたのは、一九五二年（といっても、一八七九年から女子学生用の学校として存在していた）。ほかとくらべれば新参者なので、歴史を誇るカレッジの学生は、セント・アンズなどの後発組のカレッジを見下すような態度をとることもある。当然ぼくはこれにがまんがならないわけだが、ぼく自身のなかにもそういう気持ちが少しだけあるものだからきまりが悪い。マンスフィールドが正式にカレッジになったのは、ぼくがオックスフォードを出た数年後の一九九五年なのだが、ぼくはこのカレッジがどこにあるのかも知らず、そこの学生は〝ほんもの〟のカレッジで学ぶほどの学力がなかったのではあるまいかと、心の奥底で疑ったりもする。

古いカレッジには明らかに魅力があるものの、新興のカレッジにも強みがある。たとえば、だいたいにおいて〝ソーシャル・ミックス〟が進んでいて、さまざまな社会階層や地域の学生たちが集まっている。セント・アンズで特筆すべきは、男子と女子の割合が約半々になった数少ないカレッジであること（そしてチューターは女性のほうが多い）。ぼくに言わせれば、エリートの私立校から伝統を誇るカレッジに進んで、私立校時代の同級生とまったく同じ種族の、自分によく似た同級生に囲まれて過ごすであろう特権階級の男子にこそ、セント・アンズのような環境が望ましい。大学時代が学びの時期なら、不変の環境でいったい何を〝学ぶ〟というのか？

多くの学生が自分のカレッジへの強烈な忠誠心を育み、論理的な議論を受けつけないほどの不条理な熱意をもって、そのカレッジの優位を称える。それがオックスフォードの特徴のひとつだ。ぼくがそういう輩に説くことも滑稽千万。「セント・アンズこそ最高」だなんて。

Chapter 2 ユニークで世界一公正な入学試験

オックスフォード大学の選考過程は、悪名が高い。受験したことがない人でも――受けた人を直接知らない人でも――話のねたを持っている。生徒たちのあいだでは神話の扱いだ。ときおり新聞の話題にもなる。学問の精鋭の士を選ぶ過程であり、苛酷で、厳格で、残酷ですらある。ひときわ優れた者しか生き残れない。

話によく登場するのが、志願者に突飛な質問をするチューターだ。ぼくの友人は面接で、もし自分が透明人間なら強盗を働くかと問われた。ぼくの面接で覚えている質問は、自分が学ぼうとしている時代の古代ローマと古代ギリシアの〝違い〟は何か、だ。

昔の入学試験の〝一般教養問題〟に、「何ゆえ《ホワイ》？」というひとことのみの設問があった（最高点をとったのは、「何となれば《ビコーズ》……」とだけ書いた学生だった）という話もある。別の説だと、「勇気とは何ぞや」という質問に対し、才気煥発な学生が「此れなり」とだけ記したことになっている。当然ながらつくり話なのだが（過去問にそのようなものはなかったし、学生の解答が公表されることもない）。要するに、オックスフォード大学の選考試験に関する風評のせいで、世間がいかにもありそうな話だと考えてしまうのだ。

大学は二〇一六年に、選考過程の神秘性を取り除こうと、受験者への質問の例をいくつか公開した。こんな質問もあった。「他者を非難するとは、正確にはどういう行為であると考えるか?」（哲学専攻の志願者用）、「小説や戯曲を〝政治的〟にする要素は何か?」（現代言語専攻の志願者用）。

解答例のなかには、面接官が志願者の何を見出そうとしているのかが表れているものもあった。ふつう正答はひとつだけではない。学生が見せなくてはならないのは、問いの要点をつかんで明快な答えを出す能力だ。当然、学部生にはそういう能力が必要なのだから、時に誤解されるような、学生をただ〝面食らわせる〟ための質問ではない。

例えば、強盗を働くかと問われた友人は、まっとうな人間かどうかを問われたわけではなく、倫理観とは生得的なものか、あるいは社会から強いられるおきてなのかという問いの探求を求められていた。ぼくがローマ共和国と古典期ギリシアの違いについて答えるように言われたのは、ぼくが両者の興味深い類似点について語っていたからにちがいない。（もしかするとチューターは、それが〝予行演習済み〟の発言と考え、正反対の問いで

も同じように論じられるかを見たかったのではないだろうか）

　質問例の公開が、意図した効果を上げたかどうかは定かではない。たくさんの人が質問（「きょうだいでIQテストを受けると、年長者のほうが成績がよいのはなぜか？」）を読んで、「いったいどうやって答えろっていうんだ？」と思ったかもしれない。

　そうだとしたら残念な話だ。ぼくからすると、オックスフォード大学の選考試験は世界でもいちばん公正だ。きびしい試験かもしれないが、大量の志願者のなかからひときわ優れた学生を選ぼうとすれば、そうならざるをえない。〝苛酷〟というより〝綿密〟と言ったほうがいい。志願者の資質を見きわめようと、あらゆる努力がなされているからだ。若き応募者を安全圏からはるか遠くへ追い出す試験かもしれないが、もし合格したら、専攻課程のあいだじゅうそんな状態にいなくてはならないのだ。

　もうひとつ、オックスフォードについて語る際に、ある重要な点が見逃されがちだ。それは、一部の科目では競争率がびっくりするほど低いこと。例えば、現代史の志願者のほぼ四人にひとり、古典語では三人にひとりが入学を許される。だからぼくは甥にラテン語を選べとけしかけた。法学の合格者はほぼ七人にひとり、いちばん競争率の高い医学は一二人にひとり。大学全体でみると、合格率は一七・五％だ。

　もちろん、平凡な能力の生徒は受験してもむだと悟るからでもある（または、学校の先生にあきらめさせられるだろう）。だが、それでも世界的に高く評価されている大学としては、競争率が著しく低い。きっと数々の有能な学生が、オックスフォード大学とその入学試験の近寄りがたいイメージに尻込みをするのだろうが、大学側は懸命に公明正大であろうとしてきたのだから、残念な話だ。

ぼくが一九八七年に入学を希望したときは、オックスフォード大学に限っては、ペーパー試験を受けるという選択肢があった。過去問も自由に手に入り、ぼくにとっては最良の機会に思えた。試験問題は多岐にわたったが、志願者はほとんどの場合、自分の専攻に直接関係のあるものを三つ選ぶか、関係のあるものふたつと一般教養問題を選んだ。ぼくが選択したのは古代史、近代史（もっと正確に言うと〝イギリス・ヨーロッパ史〟）、歴史叙述（通史問題）だ。三つの試験ごとに、論述式の問題三つに三時間で答えなくてはならなかった。何が気に入ったって、じつに一〇〇を超える論題から選べばよかったことだ。ぜんぶはもちろん、大半の問題に答えずにすみ、いちばん自信のある論題三つを選べばすんだ。しかも、自分の得意な科目の論題を。このやりかたなら、受験者に知識を余すところなく披露する機会を与えられる――何を知らないかを見破る機会ではなく。

そのうえ設問も、「なぜレーニンの後継者はトロツキーではなくスターリンだったのか？」というような、〝解答を限定しない〟内容だった。この質問は、ちまちました情報を飲み込んで吐き出す能力ではなく、論題全体を把握する能力と、それを説明する能力を調べるものだった。「レーニン亡きあとにスターリンが権力を掌握した日付と経緯を述べよ」という問題だったら怖気づいただろう。多肢選択式問題の、大量の暗記がものを言う日本の入学試験との大きな隔たりを、ここで強調するまでもないだろう。ぼくらは〝大局観〟と思考能力を試された。

なんとぼくが書いた九つの小論文――そして何十人ものほかの受験者の小論文も――提出後に大学のチューターが読むことになっていた。各専門分野の一線級の学者が、特別な才能を求めて熟読するのだ。後日の面接で、何を意図してその小論文を書いたのかを問われたり、あるいは詳しく論じるよう求められたりすることもあるので、細部まで読み込まれているのはまちがいない。ぼくは当時、たとえ受からなくとも、そんな機会を与えられるだけでも受験する甲斐があると思ったものだ。何しろ学校の授業で使っていた、古代ギリシアについての本を書いた人物――オズウィン・マリー博士の面接を受けるという栄に浴したのだから。

意外にもこの筆記試験は、志願者を大量に落とすことが目的ではなかった。面接に呼ばれない者はごくわずか。チューターは、小論文になんらかの潜在能力が見られれば、二度めのチャンスを与える労を惜しまないようだ。従って受験者が肝に銘じておかねばならなかったのは、面接に呼ばれたからといって〝ほぼ決まり〟というわけではないこと。だから「オックスフォードの入学試験に通った」と自慢する人に会ったとしても、さほど感心しなくていい。それは「惜しいところで落ちた」のではなく、「足切りにあわなかった」という話なのだから。

ぼくの場合は、ベイリオル・カレッジの面接に呼ばれた。古代史を学ぶうえでとても評判の高いカレッジだったので、ぼくの第一志望だった。面接はひどい出来だったが（古代ギリシアとローマの違いのほかにも、おどおどと言葉に詰まりっぱなしだったが）、第二志望の面接に回してもらえた。おそらくベイリオルから、なんらかの申し送りがあったのだろう。うちはとらないが、ほかのカレッジで検討の余地はある、と。いいところを見せられなかったのに再挑戦の場を与えられたと思うと、うれしい気分になる。幸いヤント・アンズの面接でそれほど緊張しなかったのは、面接を実体験済みだったからだけでなく、二名の面接官のあたたかな人柄のおかげでもあり、おふたりには心から感謝している。

合格の電話を受けたのはクリスマスの直前、そのころにほかの受験者も合否を知らされた。ぼくは興奮のあまり、電話をくれたチューターに「ありがとうございます」とか「とてもうれしいです」とか言うことすら考えつかなかった。

ここで「ふうん、オックスフォードの入試ってそんなふうなんだ」とお思いのかたには、お詫びをしなくてはならない。この制度は一九九五年に廃止された。いまはなき制度の説明をしたのは、ぼくの実体験だからというだけではなく、この大学のありようについて、今でも多くのことを示していると思うからだ。

この制度は、ぼくがどれほど公正と感じようとも、公正さが足りないと判断された。オックスフォードはイギリスの大学のなかでもいちばん私立校出身の学生の割合が高いのだが、その原因が入学試験にあるとされたのだ。イギリスの大学の入学試験が行われるのは一一月、中等学校の大半の生徒が受けるAレベルテストの半年以上前だ（Aレベルテストは、中等学校の最終学年の生徒が受ける全国共通の試験で、その日程に沿って公立校の授業計画が決まる）。オックスフォード大学の試験も、Aレベルテストよりはるかに〝深く〟、内容も異なっていた。つまり、私立校の富裕層の子どもたちなら大学入試専用の指導を受け、補習授業を受けて、試験に間に合うよう準備ができた。そこが公立校の志願者にくらべて有利と見なされたわけだ。

一流大学は堂々とエリート主義に徹し、〝社会集団への操作的介入〟などお構いなしに最も優秀な生徒を選ぶ権利がある、という論があってもおかしくはない。しかし、このような論はイギリスではめったに聞こえてこない。オックスフォードも他大学と同様に公費を受給しているので、国家財産の一部と考えられている。それゆえ、いわば〝社会的な公正さ〟を実現させなくてはならない。

ぼく自身も、この考えかたの恩恵にあずかったと思う。ぼくは秀才ではなかった。（一六歳で受けた）Oレベルテスト（義務教育の修了時に受験する全国共通テスト）の成績も中くらい、歴史に秀でるようになったのはそのあとだ。オックスフォードのペーパー試験では将来性を見せたはずだ。セント・アンズの面接でも、そこそこと見なされていただろう。だが、並みはずれた志願者ではなかったので、もし私立校出身だったら不合格になっていたと思う。これは推測にすぎないが、大学側はぼくの成績全般を調べて、公立校に通っていたにしては見どころがあると判断したのではないだろうか。

これは単なるイギリス版の〝格差是正措置〟、つまり恵まれない者の優遇策ではない。オックスフォード入学後、学生全員が同じレベルの指導を受けると、公立校出身の生徒は私立校出身の同級生に急速に追いつくので、適切な選抜法と言える。ぼくの在学時の統計によれば、最終試験の時点では公立校出身の学生のほうが、わずかにではあるがつねに成績がよかった（ぼくは最終試験で〝第一級〟の成績をとることで、セント・アンズの信頼にこたえられたのがうれしい）。

オックスフォード大学はしばらく、イギリスで使われている一般的な出願制度に戻していた。この制度では推薦書を含む願書を受けつけ、面接を行い、Aレベルテストの成績に応じて進学先を用意した。通常、生徒は三科目オールAか、少なくともAABの成績をとらなくてはならない（この出願方法は、ぼくが出願したときのペーパー試験と並行して存在していた）。問題はAレベルテストでの順位付けが大ざっぱであること、つまりAをとる生徒が多すぎることだ。〝かなり優秀〟な生徒を特定はするが、抜きん出た生徒はわからない。オックスフォードに出願するほぼ全員が、オールAをとっているはずだ。

そこでオックスフォード大学は二〇〇〇年代の半ばまでに、ほとんどの科目で独自の試験へと回帰しつつも、その試験を〝適性〟、〝思考能力〟、あるいは〝基礎知識〟をみるテストへと慎重に改めていった。ぼくは好奇心から、日本語の修士課程に出願する場合の試験問題を調べてみることにした。じつは、実際に受けてみてもいいかなという気持ちも多少あった。確かに四〇代にして大学生に戻るのも妙かもしれないが、二度めの機会についてしばし夢想した。前回に経験しそこなったいろんなことをやるチャンスを（なにしろ今回は、日本語に関してかなり有利なスタートを切れるのだから、きっとやすやすと学べるはずだ）。

ところが、ネット上の〝東洋言語適性テスト〟を見つけてみると、日本語は一切ないようだった。ざっと読むと、添えられた英語の翻訳からは特定できない言語で、怪しいほど簡単な文章が並んでいた（例：pit sak run ＝ The dog chased the cat.「犬が猫を追いかけた」)。そうして、この言語を翻訳する方法が問われた（例：The mouse saw the cats.「ねずみが猫を見た」という文章を、この言語に翻訳する）。

これはタガログ語などのなじみのない言語ではなく、問題用紙の説明によれば〝Pip〟という人工言語だった。この言語の基礎構造を、サンプルの文章内の手がかりから導き出す試験だった。つまり語順や、数・時制・格の表しかたから類推するわけだ。オックスフォード大学のほかの入学テストと同じように、隠れた才能を引き出すこと、そして特別な指導を不可能にし、いかなる不公平な優位もできるだけ制限することを目的に、巧みに練られた試験だった。

この人工言語に翻訳すべき最後の文章はこうだった。「While the cats are watching the squirrels, the dogs get the apple pie.（猫が栗鼠《りす》を見張っているあいだに、犬がアップルパイにありつく）」。ぼくはこれを日本語には容易に移し替えられたが、Pipにはできなかった。つまり、このテストの場合、受験者がたまたま日本に何年か住んだことがあっても役にはたたないのだった。

オックスフォードめ、そこまで公正でなくたっていいじゃないか！

Chapter 3 大学院くらいきびしい専攻課程

イギリスの教育システムの特徴として挙げられるのが、〝早期の専攻化〟だ。一六歳になるまでは、学校でごくふつうに各科目をバランスよく学ぶ。数学、国語、外国語のほか、理系科目をふたつほど、文系科目をふたつほどといったところだ。一般的には一六歳で一〇科目くらいの試験を受けることになる。

だが一六歳をすぎると、勉強する科目の数も種類も急激に絞られる。通常は三、四科目の〝Aレベル〟課程（AはAdvanced〈上級〉のA）を二年間履修し、たいがいは相互に関連する科目を学ぶ。〝数学、化学、物理学〟だったり、〝フランス語、ロシア語、英文学〟だったり。ぼくの場合は〝歴史、古代史、経済〟だった。

そうやってかなり早くから、自分がいちばん適性のある科目に限って勉強するようになる。すべて文系科目か、すべて理系科目になることが多い。大学のどんな専攻課程を志願できそうか、さらにはどんなタイプの職業に就けそうかも限定していく。ぼくは一七歳にして、大学で物理学を学ぶ可能性はもうないし、積算士になることもなさそうだと悟った（このふたつを適当に挙げたわけではなく、一五歳のときは両方ともなんとなく頭にあった）。

ぼくはオックスフォード大学の入学試験のために、勉強する分野をさらに絞ることにした。入試には関係がないとわかっていたので、経済に費やすエネルギーを節約しようと決めたのだ。オックスフォードの入試は古代史、近代史、歴史叙述で受けた。要するに、基本的には同じ科目の三部門だ（ぼくがオックスフォードに進学する前にAレベルテストの経済で落第しても、大学側は問題にしなかった）。

オックスフォードは選抜にあたって、生徒の全体像も考慮する。一六歳のOレベルテストで全般的にお粗末な成績だと、不利になるだろう（数学と英語の試験で合格点を取っていることも条件だ）。勉強以外での成果（学校劇への出演、外国語環境での生活体験など）のある志願者も好まれるだろう。しかし、これは周知の事実だが、チューターがおもに注目するのは、その生徒が大学で学ぶ予定の科目で特に秀でる可能性があるかどうか。そしてチューターが、その受験生には選択した科目の才能がないと感じれば、大絶賛の推薦状、すべてにわたって完璧な成績、驚異的な履歴書をもってしても、合格には届かないだろう。

この選考方法が理にかなっているのは、オックスフォードの学生は一科目を選んで、もっぱらそれだけを勉強することになっているからだ。数学科の学生なら三年間、数学（の数多の側面）を学び、歴史学科の学生なら歴史（の数多の側面）を学ぶ。ぼくは初めて日本に行ったときによく、大学での〝センモン〟は何かと聞かれた。意味がよくわからないでいると、多くの人が親切に英語の〝major〟（専門）と訳してくれた。単にぼくの日本語の語彙が乏しかったせいではなく、ぼくには〝専門〟という概念がなかったのだ。

オックスフォードでは、歴史が〝専門〟ではなかった。歴史だけを集中的に〝講読《リーディング》〟した。アメリカには昔から、学生が幅広い科目を学ぶ〝教養教育〟というものがあり、日本の大学では学生が必修科目と併せてほかの科目も学ぶ慣習があるということを、ぼくはあとになってやっと理解した。今はイギリスの一部の大学も、専門の科目と副次的な科目を含む〝モジュール方式〟の課程を設けているものの、ふつうはたったひとつの科目だけを学ぶ。

だからぼくらは、多数のアメリカ人が〝大学院〟に進むことにとまどった。ある意味では、ぼくら学部生がオックスフォード大学ですでにやったことをやろうとしていたからだ。つまり、ほんとうに自分に合った学問を、ようやくひとつだけ追求するわけだ。

それぞれのシステムの長所、短所をここで比較するつもりはない。生徒が大半の科目を、ごく基礎的なレベルに達したとたんに〝捨てる〟のではなく、もっと時間をかけて幅広い知識をたくわえていくというシステムには、明らかに少なからぬ利点がある。だが、本人のいちばん得意な分野での急速な進歩と、より深い理解を促すという、オックスフォード式のシステムにも、目標の明確さという長所がある。

ぼくらは二一歳か二二歳で、社会人の仲間入りをする状態に、あるいは大学院で本格的な研究生活を送る資格を得た状態になった。後者を選ぶのは通常、学者になるという意志のある場合だけだった。大学院とは、大学での勉学の〝完成〟、または〝ごく自然な継続〟のためのものではなく、学問の世界で働きたい人に必須の、次のステップだった。

この〝専攻化〟のおかげで、学部生の専攻課程はかなり広範なものになった。いつも啞然とさせられたものだが、法学部の学生はローマ法を学び、英語英文学部の学生は『ベーオウルフ』の原本などの古英語を読んでいた（今は『ベーオウルフ』は選択科目だが、当時は学科の中核の課題だった）。

ローマ法は西洋の法伝統の〝土台〟と見なされていたので、現代の実際の法律実務にはほとんど応用できないようであっても、学生は法学の理解を深めるために学んだ。『ベーオウルフ』も英文学の起源とはいえ、学友たちが必死に意味を把握しようと奮闘するような〝英語〟で書かれているのだが。

そういう科目と並行して、よりあたりまえの科目も織り交ぜて学び、組み合わせの一部は大学側が指示したが、学生が選ぶ部分もあった。ぼくがきらいだった科目が――けれど必修だった科目が――歴史叙述だ。ぼくはいまだに〝歴史とは何か〟という本質的な問いと格闘しているとはいえ、なぜ世間のよくある思い込みに反して、〝事実を客観的に記録するにとどめ、その解釈は読者に委ねる〟のがいけないのかは説明できる。その一方で選択の自由も相当にあって、いちばん魅力を感じる時代と題材を勉強の対象に決めることで、自分に合った専攻課程をつくれた。

もともと科目が多様な専攻課程もあった。現代語の学生は二言語以上を学ぶ必要があったが、第一言語を選ばなくてはならず、学部の三年めには、その言語が使われている国の大学で学ぶことになっていた（そういう意味では、現代語の学生には〝専門〟があった）。ぼくの専攻課程は〝ジョイント・スクール〟（合同学部）という点で、異例だった。オックスフォードの専攻課程は従来、ひとつの学部の監督下に置かれ、今でも大多数の学生にとってはそれがふつうだ。史学の学生は歴史学部の承認する専攻課程で学び、現代語の学生は現代語学部の専攻課程で学ぶ。

ところが、二分野に強い少数の学生は、〝歴史および現代語〟のようなジョイント・スクールの専攻課程に志願できる。その場合、歴史と外国語をだいたい半々で学ぶのだが、自分の志向に合わせて割合を〝加減〟することもできる。

ぼくの専攻は――古代・近代史は――単なる〝歴史およびさらなる歴史〟に思えるかもしれないが、オックスフォードの特異なシステムのせいで、ふたつの学部の監督下にある。古典学部は昔から、ラテン語、ギリシア語、古代哲学、古代史を教えていた。歴史学部はローマ帝国の衰退以降の歴史を教えていた（ぼくは専攻課程の〝近代史〟の部分が、紀元後四七六年から始まることをおもしろく思っていた）。

この〝古代史〟と〝近代史〟の区別は、単なる用語上のものではない。研究対象への〝アプローチ〟のしかたが、かなり異なるのだ。オックスフォードにおける古代史は、ラテン語や古代ギリシア語の学習が核となる古典学から分かれ出たものだったので、専攻課程の多くは、古代ギリシア・ローマ世界についての知識の土台となる古文書を詳しく研究するものだった。そういう数の限られた〝一次資料〟のよしあし、特徴、信頼性を理解することが、古代史の勉強の要《かなめ》だったのだ。サルスティウスにたっぷり言及しないことには、ローマ共和国の〝モラルの低下〟についての討論などできない。アリアヌスなくして、アレクサンドロス大王の生涯などほとんど何も論じられない。

対して、近代史へのアプローチはだいぶ違っていて、偉大な歴史家のものした〝二次資料〟の大著の講読によって、その思想と論点を理解することに、はるかに重点を置いていた。

古典学部がジョイント・スクールへの取り組みにひどく熱心だったのは、ひとつにはイギリスにおけるラテン語とギリシア語の研究の衰退があり、学部が地位を保つためには刷新が必要だったからだ。ぼくは古代史が大好きだったけれど、オックスフォードでは〝ひとつの学科〟とは見なされていなかったので、ジョイント・スクールがあって幸いだった。古代史が古代・近代史という専攻課程の一部として、古典学の一部だった場合（およそ三分の一）よりも、大きな構成要素（およそ半分）になったことだけが利点ではなかった。ラテン語とギリシア語のどちらか、理想としては両方の習得という絶対条件もなくなった（ぼくのラテン語の能力はじゅうぶんではなかった）。

このように、オックスフォードにも専攻化をやや弱めようとする流れがあるものの、全体的な姿を大きく変えるほどではない。読者のかたには、延々とこのような説明をすることをお許し願いたい。ぼく自身がオックスフォードで古代史と近代史という、一見同じもののようでいて、じつは魅力たっぷりの（そして意欲をそそる）違いのある、ふたつの学問を修めたからなのだ。とはいえ、ほとんどの人は当然ながら、このふたつをジョイント・スクールのかなり〝一貫性のある〟学科と考えるだろう。もっと意外な組み合わせもある。神学と東洋学、コンピューター・サイエンスと哲学。ほかにも〝古典・〇〇〟という組み合わせの専攻課程がたくさんある。

当時も今も、ジョイント・スクールの学生が〝例外であり、慣例ではない〟存在であることを忘れてはならない。二〇一六年で言うと、卒業試験で近代史の試験を受けた学生は二四五人、現代語を受けたのは一六九人だったが、ジョイント・スクールの学生として歴史も現代語も受けたのは、たったの一四人だ。

小人数の理由のひとつを、ぼくが志願する前に、あるチューターが簡単な言葉で説明してくれた。それは、別々のチューター二組が合意しなくてはならないから。二組とも試験の成績を見て、面接をする。片方が気に入っても、もう片方が気に入らなければ、その受験生は合格にならない。入学するには〝合格をふたつ〟勝ち取らなくてはならないのだ。

だから全般的にはオックスフォードの学生は、すでに一六歳で集中して学び始めていた科目のなかから一科目を選ぶ。従って、そういう学生がオックスフォードで学ぶレベルは、他国の大学だけでなく、国内の他大学で学ぶ学生よりも高く、内容が濃いと言えると思う。オックスフォード大学でたいへんな苦労をする学生もいるので、他大学に転学して勉強を続けられるようにチューターが手助けをしていて、そういう学生が転学先で、同じ科目で才能を開花させるという事例証拠もある。

オックスフォード側は、同大のＢＡ（文学士号）の専攻課程のレベルの高さを、暗黙のうちに認めているように見受けられる。オックスフォードの入学許可から七年経つと、卒業生（学士号保有者）は申請すればMA（文修上号）を授与される、という規則があるからだ。さらなる勉強も試験も必要ない。申請して一〇ポンド払えばすむ。

この制度はオックスフォードに特有というわけではない。ダブリン大学のトリニティ・カレッジと、ケンブリッジ大学にも似たような決まりがある。だが、かなり物議をかもす制度だ。オックスフォードのBAは他大学のMAと〝同格〟と言わんばかりではないか。だからこの制度は、傲慢かつ〝エリート主義〟と非難され、廃止せよという声がときどきあがる（だが、白状すると学生時代にぼくらはみんな、自分たちの専攻課程はMA並みにきびしいという意見が好きだった）。

実際には、この制度には〝古めかしい〟という形容のほうがあてはまるのではないか。中世に始まった制度であり（その経緯は、説明するにはあまりにも退屈）、それが今に残っているのだ。大学側は、一〇ポンドでMAに〝昇格〟できるわけではないと強調する。オックスフォード大学のMAは、学内での学問上の地位を変えるにすぎない（以前はMA取得者に学内選挙の投票権が与えられたが、この権利は二〇〇〇年に全卒業生に拡大された）。

ところが調査によれば、雇用側の大半は、この〝オックスフォードのMA〟がおおむね形式的なものにすぎないことを知らないようなのだ。ということは、キャリアの向上をもたらす、かなりいんちきな手段になるかもしれない（費用が一〇ポンドなのだから賢い投資だ)。苦労を重ねて(そしておそらくは高額な授業料を払って)MAを取った人たちに対して失礼だという批判もあり、その人たちにはオックスフォード大学でほんもののMAを取った人たちも含まれる。

だから万が一(〝オックスフォード大学でMAを取得した〟という言いかたではなく)〝オックスフォード大学のMAを持っている〟と称する人に出会ったら、その肩書がほんものかどうかをチェックしたほうがいい。

ぼくの友人も数人、このMAの取得に興味を示した。ひとりは単に、もらう権利があるものならなんだって利用しなくてはと考えた(デンマーク出身の友人なので、その肩書が労せずして得たものと知る人は、かの地ではさらに少ないだろう)。トレーダーの別の友人は、七年が経過するとすぐに申請した(上昇の可能性大、下落の可能性極小と、身もふたもない市場用語で評していた)。

けれどぼくらの大半は、やや〝がめつい〟行為と見ているし、大学を離れて何年も経ってからわざわざ申請の手間をかける人がそういるとも思えない。ぼくが一度も取得を考えなかったのは、ただ必要性を感じなかったからだ。ぼくにとってはオックスフォードのBAこそが、変わらず特別な、名誉あるものなのだ……その数々の理由をじゅうぶんお伝えできればいいのだけれど。

Chapter 4 世界に冠たる二大科目

オックスフォードの学部生が学べる専攻科目は、現在は四八科目ある。とはいえ、大多数の学生は次のうちのどれかを学ぶ（順不同）。

文学士号：歴史、英文学、現代言語、地理、古典、法学、ＰＰＥ
理学士号：化学、数学、薬学、物理学、生物学、生化学

ほかの科目はわりとめずらしく、一カレッジにひとりかふたりといったところだった。セント・アンズで古代・近代史を学んでいたのは、同じ学年ではぼくだけだった。美術、音楽、東洋学（その学生は中国研究）専攻の学生も、ひとりずつしかいなかった。

ここに挙げた科目はどれも昔からおなじみの研究分野だが、ＰＰＥという例外的な専攻科目があって、じつはオックスフォードで最多の学生を擁する一大科目だ――そしておそらく、オックスフォードが高等教育にもたらしたなかで最も意義深いものだろう。

政治学（Politics）、哲学（Philosophy）、経済学（Economics）を学ぶＰＰＥは、オックスフォードが元祖の専攻科目で、一九二〇年代の初期に創設された。今ではイギリス国内や世界じゅうの数多の大学が、ＰＰＥと似たような専攻課程を設けているが、誰かが「ＰＰＥを専攻した」と口にしたら、それは自動的に「オックスフォードで」を意味するほど、オックスフォードと強く結びついている。例えばマンチェスター大学やヨーク大学でＰＰＥを学んだ人は、どこで専攻したかを言い添えなくてはならず、さもなければ誤解を招いたことで責められるだろう。オックスフォードのＰＰＥは、〝現代の要《かなめ》の科目〟（Modern Greats）という仰々しい肩書を奉じられることもある。

もちろんオックスフォードには、世界じゅうで学ばれている歴史であれ生物学であれ、なんらかの学問を考案したと称する資格はない。ＰＰＥに含まれる三科目についてもそうだ。だが、ＰＰＥとして知られる特殊な〝統合科目〟を生み出したのはオックスフォードであり、ＰＰＥには三科目を足した以上の価値があると言っていい。

ジョージ・オーウェルの『動物農場』の言葉を言い換えれば、〝オックスフォードの全科目が等価だが、ある科目はより等価だ〟。オックスフォードでＰＰＥの学位を得るのは特別なこと。もっと言うと、例えば歴史専攻にくらべて〝より少し特別〟なのだ。歴史を学ぶならオックスフォードがいちばんと主張する人（ぼく）もいるだろうが、意見の激しく分かれるところだろう。だがＰＰＥについてもっと踏み込んだ表現をして、オックスフォードこそＰＰＥを学ぶ唯一無二の場だと言っても、さほど論争にはならないだろう。オックスフォードはＰＰＥの総本山と見なされていて、ほかの大学はオックスフォードをお手本に専攻課程を設けている。

オックスフォードのＰＰＥは、政財界で権力を握るようになった人物を大量に生み出してきた。オックスブリッジが数々の権力者を生んでいることは周知の事実だ。そしてオックスフォードのほうが政治家を数多く生み出すことも、イギリスではかなり知られている。あまりよく知られていないのは、そういうオックスブリッジのエリートのなかでも、政財界ではＰＰＥ専攻の卒業生がやけに多いことだ。

イギリスの政界には〝三大勢力〟が存在すると言っても過言ではない。オックスフォードのＰＰＥ専攻の卒業生、オックスフォードの非ＰＰＥ専攻の卒業生、ケンブリッジの卒業生だ。

ときどきマスコミに取り上げられる話題から、この話に世間の関心が集まることがある。特に、具体的な引き金があるときだ。二〇一〇年にＢＢＣのウェブサイトに掲載された話題がまさにこれで、労働党党首選挙の有力候補者二人が同じ大学で同じ科目を専攻したと報じた。エド・ボールズ、デーヴィッド・ミリバンド、そして最終的に勝ったエド・ミリバンドだ。記事にはこうある。〝権力の座への確実な切符は――政治家なら、保守党であれ労働党であれ自由民主党であれ――オックスフォード大学のPPEの学位にほかならない〟。

記事の書き手の指摘によれば、下院議員の数で言うと、イギリスで最も格上のエリート校であるイートン校の出身者よりも、PPEを学んだ者のほうがはるかに多いという（記事では推定三五人）。また、ベテランの政治ジャーナリストの多くがPPEの卒業生なので、イギリスを支配する者ばかりか〝支配者の監視役〟までがPPE専攻とも書かれていた。

二〇一七年の《ガーディアン》紙に、『PPE：オックスフォードの学位がイギリスを動かす』という見出しの長々しい記事が掲載された。記事の冒頭は、PPEを専攻した権力者たちのおさらいだった。おなじみの人物ばかりだったので、イギリスの読者には驚きのリストだった。エド・ミリバンド（労働党党首）、ニック・ロビンソン（BBC政治部長）、ロバート・ペストン（BBC経済部長）、ポール・ジョンソン（イギリス財政研究所ディレクター）、デーヴィッド・キャメロン（首相）、エド・ボールズ（〝影の内閣〟の財務相）、ダニー・アレクサンダー（財務省主席政務官）、ルパート・マードック（メディア王）など、何段落にもわたって挙げられていた。

過去にさかのぼれば、このリストにはマイケル・フット、ヒュー・ゲイツケル（ともに労働党党首）、ウィリアム・ヘイグ（保守党党首）、ハロルド・ウィルソン（労働党の首相）、エドワード・ヒース（保守党の首相）も加えられる。オーストラリアの首相三人もPPEを学んでいて、そのなかには一九五〇年代に在学していたボブ・ホークも含まれ、伝統の〝ヤード・オブ・エール〟（約一・四リットルのビールの早飲み競争）で一一秒の記録を残し、伝説の存在になっている（こういう一気飲みは非常に危険なので、現在は大学では禁止されている）。

ぼくの専攻はPPEではないので、この専攻課程を詳しく分析する立場にはない。だがPPEがここまで目立つ理由は二、三思い浮かぶ。まず、この課程は行政の仕事を目指す人向けに工夫されているので、最初から〝実用的〟だ。これは各科目に学究的な取り組みかたをする傾向の強いオックスフォードでは、かなり異例のことだった。オックスフォードでは法学さえも学問として学ばれ、法律の仕事への直接の準備にはならないが、法学部の学生の大半が法曹界に入る。

また、オックスフォードの教育システムにぴったりの課程にも思える。学生はチュートリアルで、一流の学者を相手に自分の考えを主張する。自説を練り上げて主張する技術が政治だとしたら、オックスフォードのPPEの学生は、政界での活動に準備万端といったところではないだろうか。もっと〝闘争的〟ではないシステムのもとで政治学を学んだ他大学の学生よりも、かなり戦う力があるだろう。

PPEのだいじな点は、イギリスの教育の専門化（〝行きすぎた専門化〟とも言われる）にいくぶん反するところにあると論じられてきた。PPEの三分野はかなり異なってはいるけれど、つながっている。PPEの学生は通常、一年次が終わると三教科のうちの一教科に絞って学んでいくとはいえ、PPEには非常に聡明な人材が多数集まり、さまざまなことがらを学ぶ。それゆえ、PPE専攻の学生は教養の幅が広がり、ほかのオックスフォード卒の人よりも〝世事に通じる〟。

さらに、PPEというベルト・コンベヤー装置には自己永続性がある。PPEは政治家を輩出することで知られているので、政界への進出を考え、早くから将来性を発揮する者たちは、オックスフォードのPPEに志願する。ケンブリッジには同等の学位がないことから、オックスフォードが政界に入りたい者たちをさらに引き寄せるので、当然の結果を招く（ちなみに、オックスフォードには建築学科がなく、ケンブリッジにはあるので、結果的に建築界はケンブリッジ卒に偏っている）。

PPEの重要性を過大評価すべきではない。戦後の首相で最長の在任期間を誇るマーガレット・サッチャーとトニー・ブレアは、それぞれ化学と法学が専攻だった。現在の首相のテリーザ・メイは地理学だ（もちろん三人ともオックスフォード）。現在の野党第一党であるジェレミー・コービン率いる労働党には、戦後最もオックスブリッジ卒が少ない。確かに、労働党の要職に一流大学卒の人物がほとんどいないこと、そしてコービン自身がポリテクニック（高等専門教育機関）で一年間学んだあと、学位を取らずに中退していることも注目に値する。イギリスの政治におけるＰＰＥ主導のエリート主義への、待望の対抗勢力だと本気で考える人もいる。

　とはいえ、ＰＰＥを専攻した人物はいたるところにいる。目下のところ、全閣僚のうちＰＰＥ専攻が〝わずか〟三人（閣僚とほぼ同格の、財務省主席政務官を含めれば四人）という事実が〝急減現象〟のように見なされていることからも、独占ぶりがうかがえる。

パート２　元祖・要の科目

　少なくともぼくの認識では、オックスフォードにはほかにもうひとつ、〝とりわけ特別〟な科目がある。ＰＰＥにくらべれば人気は落ちたかもしれないが、古典はオックスフォードで〝要の科目《グレイツ》〟（Greats）として知られ、並々ならぬ歴史がある（それゆえＰＰＥは〝現代の要の科目〟と言われる）。

　オックスフォード大学の始まりは宗教的な集団であり、そこでは神学の研究がなされていた。そして神学以外の初の選択肢として、古典が登場した。ヨーロッパの文明の源である、ギリシアとローマの文化を研究する学問だ。これは人が探求できる科目としては――神の探究は別として――最も要となるものと見なされた。オックスフォードでは九〇〇年を超える年月のあいだ、古代世界の歴史、文学、言語、哲学の研究が行われている（対してPPEは一〇〇年未満）。

現在もなお、オックスフォードには世界最大の古典学部があり、世界でも一線級の古典学者たちの途方もない集団を擁している。ぼくも古代史を研究する者として、多大な恩恵にあずかった。古代史の数々の伝説的な研究者たちがオックスフォードで研究し、教鞭をとっていた。ほかの章でふれていない二名だけを挙げてみよう。論争を巻き起こしたロナルド・サイムの一九三九年の名著『ローマ革命』は、ぼくを初めてはんとうの意味で〝興奮〟させた学術書だった（サイムは、ぼくがオックスフォードに入学する一週間前に亡くなった）。そしてファーガス・ミラーは、ぼくが一学期に一度も欠かさず（！）講義に出席した人物で、ぼくの在学当時は〝キャムデン教授職〟（オックスフォード大学の古代史担当教授の職名）にあった。これは四〇〇年ほど前に設けられた、イギリス最古の歴史学の教授職だ。

オックスフォードを含め、イギリスの大学の文学士号のほとんどが三年課程だ。ところがオックスフォードの古典学部は四年課程で、三年間の駆け足では修められないほどの重要性をうかがわせる。オックスフォードの学部生の大半が、（三年課程の）一年次（三学期）の終わりに初めての公式の試験を受けるが、古典の学生は五学期を終えてから受ける。ぼくは試験まで自分よりも二学期余分にあるのだと、うらやましかった。だが自分の試験から二学期後には、古典学部でなくてよかったと胸をなでおろしたことも覚えている。ぼくの試験は四つだったけれど、古典学部の学生はなんと最低でも一一もの試験を受けなくてはならなかった。一二も受ける学生もいた（今は一〇〜一一の筆記試験）。厳密に言うと、古典学部の学生はこの試験に合格してからようやく〝要の科目〟を学び始め、最初の五学期は本題に入る前の枕と考えられている。

二〇世紀初頭までの時代にオックスフォードで学んだ偉人の話を読むと、多くが古典学部の卒業生だ。ごく一部を挙げると、オスカー・ワイルド（作家）、H・H・アスキスとウィリアム・グラッドストン（首相）、C・S・ルイス（学者、小説家）、A・J・トインビー（歴史学者、思想家）がいる。

ふしぎな話だが、オックスフォードの偉大な古代世界の学者のひとりは、古典ではなく歴史が専攻だった。考古学者のアーサー・エヴァンズはクノッソス遺跡を発掘し、〝ミノア文明〟の存在を明らかにして命名したことで広く知られている。エヴァンズはミノア文明の陶器の膨大な蒐集品を、自身が若き日に運営した世界最古の大学博物館（一六七七年創設）である、オックスフォード大学のアシュモリアン博物館に遺贈した。

古代世界の知識はかつて、教養ある英国人になるために欠かせないものと見なされていた。優れた知性の持ち主の多くが学びたいと熱望する科目だった。じつは一九六〇年までは、オックスフォードで学びたい者はラテン語の知識を備えていなくてはならなかった（例えば、物理学専攻を希望する者でもだ）。ラテン語は入学に必須の条件だった。

以降、ラテン語と古代ギリシア語は衰退の一途をたどっている。ギリシア語はもはや公立校の教科ではないと言っても過言ではなく、Ａレベルテストまでラテン語を学ぶ公立校生はわずか数千人だ。ということは、とてつもない歴史と評判を誇る学部にもかかわらず、オックスフォード大学の古典学部の志願者数は減っている。いわば〝供給過多〟の状態になっているのだ。そして私立校出身の学生が異常なほど幅を利かせているということでもある。

古典学部は〝ジョイント・スクール〟の増設によって、時代の流れに対応してきた。現在は古典学部生の約四分の一が、ジョイント・スクールの学生だ。また、入学時の語学力のハードルを低くし、かつては高等学校で行われていた語学教育を大学が担わざるをえなくなっている。

古典の全盛期であれば、オックスフォード大学への入学には、ラテン語と古代ギリシア語を操る能力がぜったいに欠かせなかっただろう。ぼくの時代は、志願者にはハイレベルなラテン語の能力が必要だったが、ギリシア語は大学で学び始めればよいというところまで条件が緩和されていた（といっても実際には、志願者の大半がギリシア語の基礎も身につけていただろう）。

今は古典学部の学生の半数くらいが、入学後にギリシア語を習い始める。すでにギリシア語の上級者の場合は（めったにない例だが）、入学後にラテン語を始めるという選択肢もある。どちらの言語もほとんど、またはまったくわからない生徒でも受験できる専攻課程もある。募集は少人数（年に一五人程度）だが、重要な選択権と見なされている。この制度がないと、イギリスの公立校の圧倒的多数の生徒が、国内最高の大学で、この最も伝統を誇る科目を学びたいと志願する機会すら失うことになるからだ。

こういう条件の緩和がぼくの胸にとりわけ響くのは、一九八七年当時は古代言語の能力の欠如が、古代・近代史のジョイント・スクールへの出願にあたっての障壁にも等しかったからだ。ぼくがかろうじて合格できたのは、公立校時代のやる気を起こさせる献身的な先生の、補習授業のおかげだった。先生は放課後の時間を割いて、古代・近代史専攻への出願に最低限必要な、Oレベルテストに合格できる水準のラテン語を教えてくれた。また熱心な先生がたの主催する、費用の安い夏期講習にも紹介してもらえたおかげで、ぼくはラテン語を磨いて、ギリシア語を少しかじることができた。大学ではギリシア語の学習は続けなかったけれど、ラテン語は原書をちゃんと読めるほどのレベルに達した（じつを言うとその課程を履修するはめになったのは、あるチューターが、ラテン語の勉強に精魂を傾けるという約束をぼくがきちんと果たしていないと感じたことによるのだけれど――その話はまた別の機会に）。

そんなわけで、今はラテン語やギリシア語の能力があのころのぼくより劣っていても、ぼくの専攻ばかりか古典そのものも学べる。もしどこか別の世界で、オックスフォードで（古代・近代史以外の）専攻課程を選んでよいとされたら、ぼくは大喜びで古典を学ぶだろう。ぼくが古典に魅力を覚えたのは、そのみごとなまでの非実用性にあったと思う。古典を学んでも、なんらかの職業につながるわけではなかった。古典に関係する言語なんて、今は誰も日常で使ってはいない。なのに、古典に関する体験は――この話だけで一冊の本ができるほど――どこまでも魅力的で、意識を高揚させ、〝啓蒙的〟だった。

この原稿を書いていると、自分の時間を犠牲にしてラテン語を教えてくれた先生を思い出す。先生のライフワークは古典の存続、とりわけぼくのいたような公立校で存続させることだったので、ぼくの恩人というだけにとどまらない人だった。そのボブ・リスター先生は、ケンブリッジ大学の古典学部卒、生徒のやる気をかき立てる教師だった。公立学校の職を選ばなくても、もっと恵まれた収入や待遇を望めたはずだ。数々の生徒に古典という流行らない科目への愛を教え、オックスブリッジを目指すよう励まし、受験勉強を手助けしてくれた。ぼくの学年からは七人の男子生徒がオックスブリッジに行った（年にひとりかふたりがせいぜいの学校にしてみれば、記録的な数だ）。リスター先生は、そのうちの五人を教えた。先生がいなかったらぼくはオックスフォードに入れなかった、というのはお世辞でもなんでもない。

リスター先生は、古典分野に予算を投じる公立校がどんどん少なくなる現状を前に——インターネットの草創期に——古典のオンライン講座という新たな試みを始めた。この方法なら古典の教師のいない学校の、孤立無援の生徒や少人数のグループにも、ラテン語などの授業ができるからだった。先生にとって教えることは、単なる仕事ではなく使命だった。もしイギリスの新聞で、古典の衰退を食い止める闘いについての記事を読むことがあれば、きっとリスター先生の活動が紹介され、その奮闘ぶりが記されているだろう。先生が古典の存続のための運動を根気強く続けてきたのは、どんな生い立ちの人でも古代世界のすばらしさにふれる機会を与えられるべきだと信じているからだ。ぼくはそのことに多大な恩義を感じている生徒たちのひとりにすぎない。

Ⅱ

オックスフォード生はこうして知性を磨いていく

Chapter 5 一流の学者による個人レッスン

オックスフォード生の日々の中心をなすのが、チュートリアル（個別指導）だ。すべてがこれを軸に回っている。

チュートリアルという制度は、オックスフォードに〝ほぼ特有〟のものだ（ケンブリッジにもある）。学生はその科目の専門家であるチューターと、一対一で一時間過ごす。学生が自分の小論文を読み上げ、続いて討論に入る。最後にチューターが次の課題を選び、長大な課題図書リストを渡し、小論文の論題を設定して、一週間後の再会を約する。

それが大学での一週間のうち、教師と顔を合わせる唯一の機会ということもありうる（ぼくはよく友達に、オックスフォード大学が「きびしくてさ……なんせ一週間の授業時間が一時間もあるんだ」と軽口を叩いた）。

講義もあるが、チュートリアルを補う二義的な位置づけだ。各学部が開講する講義のリストが学生に提供され、学期のはじめにチューターがおすすめの講義を学生にあれこれ提案はするけれど、履修は義務づけられない。出欠はとられないし、ありえないことだが、万が一チューターから出席しているかどうか聞かれても、「第一回めの講義に出ましたが、有益とは感じませんでした」と言ったり、ほかの用事とぶつかったと釈明したりすればすむ。

熱心な学生なら、一週間にいくつも講義に出たりする。だが意外なほど多くの学生が、必修ではないのでひとつも出席しないことにしていた。自分の担当のチューターが講義も行っている場合もある。自分のチューターの講義に出席しない学生も、実際にいた。恥ずかしい話、ぼくはオックスフォードの二年めは――つまり試験のない年には、終始なんの講義にも出なかった。三年めは週に三つの講義に通い、無欠席の自分をものすごくりっぱだと思った。まるで自分が求められる以上の努力をしているみたいに。

チュートリアルとなると、話は別だった。欠席したり、やるべきことをやらずに出たりすると一大事、ちゃんとした理由がないときびしく叱責された。標準以下の出来は、一学期に一度なら見逃されるかもしれない。二度め以降はかなり危なくなり、公式の警告や懲戒処分、さらには退学もありうる。

言うまでもなく、チュートリアルは史上最も効率的な制度というわけではない。優秀な大学教師の時間の使いかたとしては、一二人の学生ひとりひとりに計一二時間かけて会うよりも、一二人を相手に計二時間の授業をするほうがいいにきまっている。理屈からしても、そのほうが学生が教師と接する時間も増える。ときおりチュートリアル制度の変更が話題にのぼる（ぼくの記憶にある提案は、大学は資金不足なのだからチュートリアル制度の廃止を〝検討〟しなくてはならないかもしれないというものだ。思うに、それは政府や卒業生からさらなる資金を調達するための、かなり見え透いた企てだった。「われわれのたいせつな制度が存亡の危機にある！」というわけだ）。

チュートリアル制度は、オックスフォードの教授法の中核をなしている。過去数百年の歴史における最大の改革は、従来の〝一対一〟だけでなく、チューターひとりにつき学生ふたり（あるいは三人）という形式もありになったこと。ぼくの場合は（一一科目のうち）四科目でチュートリアル仲間がいた。そういう相手とは一時的にせよ、緊密なきずなが生まれる。

もちろんチュートリアルの要《かなめ》は、一線級の学者から個人レッスンを受けられるという点にある。一介の学部生にとってはかなりの栄誉だし、かなりの難題だ。一週間の勉強の証しである小論文の朗読に、チューターが耳を傾ける。さほどの出来ではないなら、それがあらわになる。課題図書をじゅうぶん読んでいないと、チューターにはそうとわかる。説得力に欠けるまとめかたをしたり、立証されていない結論に飛びついたり、ありきたりの言い回しをしたり、自分の意見がちゃんと表れていなかったりすると、チューターが容赦なく批判する。ぼくらはよくチュートリアルについて、「どこにも逃げ場がない」と言っていた。

だからチュートリアル仲間は親密になる。試練とも言うべきものを一緒にくぐり抜けるからだ。相棒がいれば、わずかながらも盾になってくれる。

オックスフォードでは時折ゼミやセミナーも行われたが、カリキュラムの一環ではなかった。チューターがもっとふつうの形式の〝授業〟を行うために、臨時に企画することもある。または、試験前に学生をもう少し磨くためだったりもする。仕事熱心なチューターがそういう目的で企画したセミナーには、ぼくの記憶が正しければ、最終学年で（総計）二回参加した（古典学部の学生も数名出席していて、ぼくやぼくのチュートリアル仲間にくらべて古代史の知識レベルがあまりにも初歩的なので、驚いた覚えがある）。ぼくが一年めに複数のラテン語のレッスンも受けたのは、求められる水準に達していなかったからだった。

チュートリアルには学級制では経験できないようなきびしさがあり、だからこそぼくは一時間のチュートリアルが学級制の二時間の授業を〝上回る〟と確信している。窓の外を眺めたり、空想にふけったりするひまはない。アイコンタクトは避けられず、「指されませんように」と願ってもむだだ。一週間の勉強ぶりについてきびしく尋問され、ベストを尽くそうとしても、課題を〝ものにして〟いなければ屈辱的な事態になりうる。これは大半の学生にどこかの時点で起きることだった。

言うなれば、チュートリアルとは一時間限りのものではなかった。一週間の勉強の〝しめくくりの時間〟であり、その週の学問上の目標だった。また翌週の勉強の始まりでもあった。課題図書リストをもらい、書籍や論文を見つけ出して読み、それをもとに小論文を書く（だから講義は、教育の枠組みの外にあるようなものだった。講義の内容は、勉学全体に有益ではあっても、その週に取り組んでいる特定の論題とはめったに合致しなかった）。

チューターは、週のあいだ手取り足取り教えるようなことはしなかった。学生を送り出し、ひとりでやらせておく。そうすると、独自の考えが大部分の小論文に仕上がる。このやりかたから、独立独行の精神と自立した思考が養われると思う。ぼくはのちの人生で、仕事を締め切りまでぜんぶ自分でこなすことを得意としている。その一方でぼくは、経過報告を求める編集者に苛立ち、書く内容について指導しようとする輩《やから》に憤り、〝とりあえず〟の仕事を人に見せるのをきらった。

「あしたチュートリアルなんだ」という台詞は、一杯飲みに出かけられなかったり、ランチに時間をかけられなかったりする理由の説明としておなじみだった。チュートリアルの前日になっても、読まなくてはならない本が山積みで、小論文を仕上げるために夜中まで起きているという状況を、ほぼ全員が経験した。これは〝論文恐慌《クライシス》〟と呼ばれ、オックスフォードの学生生活にはつきもので、チュートリアルに出かけるまであと一時間というときになってもまだ書いているという事態に陥ったことが、大半の学生には一度はあった。

チュートリアルの形式は必然的に、チューターの性格に大きく左右された。チュートリアルはチューターの居室で、チューターのやりかたで行われた。偶然にもぼくの初めての学期の初めてのチューターは、全学でいちばん肩の凝らない、最も慕われているチューターのひとり、ウォダム・カレッジのピーター・ディロー先生だった。ぼくは先生と過ごした時間を確かにこよなく愛し、オックスフォードを思うときには先生の古代史のチュートリアルを思う。ぼくが先生の部屋に行くと、先生がふたりぶんの紅茶を入れて、ソファに向かい合わせに坐った――ぼくがそれまで坐ったことのない、座面のひどく低い、居心地のいいソファだった。

猫が室内を歩き回り、ときどきぼくの膝に乗った。ぼくが小論文を読み上げるあいだ、ディロー先生は紙煙草を巻いていた。ぼくは「いい出来じゃないか！」と思い、自分も煙草に火をつけた。先生の教えかたは、ソクラテス式問答法そのものだった。ぼくに何か誤ったところがあると、もっと深い理解につながるような、巧みに工夫を凝らした質問をしたり、ぼくの主張の限界（または誤り）を示す内容を課題図書のなかから挙げたりした。ぼくの誤りをじかに指摘したのは、たったの二回。ぼくが〝imply〟（暗示する）の意味で〝infer〟（推測する）を使ったとき、そして考古学上の〝survey〟（調査）と〝dig〟（発掘）の違いを説明するためだった（つまり、ひとつは文法上の、ひとつは専門用語の誤りだった）。

ぼくが小論文を読んでいるあいだ、先生がたまに口を挟んだ。あるとき「ほう！　まさしく！」という声がしたことを覚えている。それはぼくが、選挙で選ばれたからといって高位にふさわしいという保証にはならないと論じたときだった（古代アテナイの民主政では、為政者を〝くじ引き〟で選ぶこともあった）。ぼくは誇らしさではちきれんばかりだった。賛成しかねるという気配が感じられたら、ぼくは打ちのめされただろう。けれど先生にはそれがわかっていて、そういうことは控えていた。

先生の指導が九〇分未満で終わることはなく、討論をし尽くすか、開始から二時間後に次の学生の到着を意味するノックの音がするまで続いた。先生はドアのところに行って、次の学生に「二分間」待つように言い、ぼくの指導を締めくくった。

当然ながら、ぼくにはそれ以前にオックスフォード大学やチュートリアル制度の経験がなかったので、チュートリアルとはみんなそのようなものと思い込んだ。〝一時間〟とは概念的なものにすぎないのがふつうなのだろう、と。チュートリアルはつねに、紅茶と煙草と穏やかな指導を伴った、肩の凝らないものなのだと思った。そのときはまだわかっていなかったのだが、ぼくは大学史上最も寛大で、心温かく、刺激を与える人物の――チュートリアル制度に信じがたいほど熱心な人物の指導を受けるという、すばらしい幸運に恵まれたのだった。もしディロー先生が学生に割く時間を減らして、自分の研究と執筆に時間を費やしていれば、学者としてもっと名を上げられたはずだ。

何十年も経ってから、ディロー先生の死亡記事を読んだときに初めて、先生がチュートリアル中にほかの学生たちとよくワインをたしなんでいたことを知った。ぼくは初めて先生のもとを訪れたときに、たまたま頭痛がしていたので、(「ギリシア旅行から持ち帰ったばかりの」)レツィーナワインを勧められたのに断って、代わりに紅茶をお願いした。先生はそれを、ぼくの飲み物の嗜好を示すできごととして覚えていた。ふたたび先生の指導を受けることになった、二年後でさえ。先生はそういう人だった。

もう一度ディロー先生に教えてもらえたのは、僥倖《ぎょうこう》だった。学生は通常、自分のカレッジでチュートリアルを受ける。学生の専攻に適したチューターがそのカレッジにいない場合は、別のカレッジのチューターのもとへ送られることもあった。ぼくが一年めだけウォダム・カレッジで教えてもらったのは、ぼくのカレッジに古代史の新しいチューターが来る前の空白期間だったからだ。新任のチューターは優秀で、ぼくも二年めに指導を受けて満足だったけれど、三年めに入る前に、そのチューターから次のような趣旨の話があった。

「わたしのもとでのきみの出来はまずまずではあるが、ピーター・ディロー先生のところでやっていたときほど、エンジン全開ではない。ディロー先生に、もう一度きみを教えてくれるかどうか問い合わせてみよう」

ほかのチューターのほうがぼくの能力をうまく引き出せたと認めるなんて、ふつうはプライドが傷つくことなのだから、瞠目すべきできごとだった。だが、オックスフォードではは学生ひとりひとりに細かく目配りをしているので、こんなことも起こりうるのだ。そのチューターは、ぼくがもっとできるはずだと近くで見ていてわかり、じつにぼくの助けになるような英断をしてくれた。念を押すが、セント・アンズのそのチューターはすばらしかった——それは何も、ぼくが別のチューターとどれほどうまがあっていたかに気づくという見識があったからというだけではない。

学生が自分のチューターとうまが合うとは限らなかった。そして当然ながら、学生はそういう状況に順応しなくてはならなかった。ぼくは（ピーター・ディロー先生との一学期めが終わったあとの）近代史のチューターが、チュートリアルを時間割どおりに運営したので、ひどいショックを経験した。チュートリアルが一〇時から設定されたら、一〇時きっかりに始まり、学生は一一時きっかりに退出した。小論文を朗読し、そのあとチューターが三〇分間かけてどこが誤っているかを、というより何を書くべきだったかを、デスクの向こうから教えた（幸いそのチューターに紅茶を所望しないだけの分別が、なんとかぼくにはあった）。もちろん、そういうやりかたはまったく変ではない。ぼくの唯一のチュートリアル経験が、いくぶん〝定型〟とは違ったわけだ。

このチューターとの二度めのチュートリアルの終わりに、ぼくはとても驚いたのだが、「ノートは部屋を出てすぐにとってるんだろうね」と、とがめるような口調で言われた。どうやらチューターの一言一句を書き留めるのが常識らしい！　ぼくは単純にそのことを知らなかったし、誰も口にしたことがなかった。ディロー先生は、ノートを取らないのが〝ぼくの流儀〟のようだから好きにさせようと思ったのだろう。先生はある意味では正しかった。ぼくは先生が教えてくれたことをぜんぶ記憶していたから。

大学の最初の二学期に、ぼくはまさに対極にあるふたりのチューターから教えを受けた。たいがいのチューターは両者のあいだのどこかに位置した。ピーター・ディロー先生への称賛と、次のチューターへのやや好意的ではない評価から、ぼくが後者に反感をいだいていると思われるかもしれない。そうではないのだ。超一流の学者だったそのチューターは、多数の学生をとても効率的な独自のやりかたで、巧みに指導した。課題ごとに、学生が気づくべき肝心な点をすべて把握できるよう、手助けをしてくれた。確かに話を聞く際には、ノートを取る〝べき〟相手だった（もちろんぼくも、一度言われたあとは取るようになった）。

そのチューターの簡にして要を得た発言のなかで、ぼくが今でも（ノートを参照しなくても）記憶しているものをいくつかご紹介しよう。

帝政ロシアに関して：特に目立つ短所は、戦争に巻き込まれる傾向にあること（帝政の支持者たちは、〝短期間の成功裏に終わる戦争〟が愛国的な士気を高めて帝政を支えると考えたが、トルコ、日本、ドイツとの相次ぐ戦争によって弱体化し、のちの崩壊の一因となった）。ぼくはたとえ成功裏に終わった戦争であっても、たいてい民衆からきらわれることを学んだ。

アイルランド独立に関して：第一次世界大戦がなかったらあのような展開になっただろうかと、疑問を持たなくてはならない（アイルランド人にブリテンとの完全な決別を促した要因は三つ。一九一六年のイースター蜂起の、指導者たちの処刑。一九一八年の、アイルランドへの徴兵制導入の動き。一九一九年に陸軍復員兵から成る残虐な〝ブラック・アンド・タンズ〟という警察予備隊をアイルランドに送り込んで、〝治安維持〟を図ったこと。この三つはすべて、第一次世界大戦から直接的・間接的に生じた）。第一次世界大戦はヨーロッパの国々に重大な結果をもたらす社会的な大変動だった、というぼくの見解が強化された。

イギリスの労働者の〝階級意識〟に関して：〝帽子〟は理論の土台としては、はなはだ心もとない（ぼくはマルクス主義の歴史家による論文にかなり心引かれた。いわく、労働者階級は一種の制服としてフラットキャップ〈布製の平らな細縁帽〉をかぶった、自分たちが労働者階級であることを認識していて、身分を帽子で表したという）。ある結論に達したがっている人が、その結論に沿う証拠をつかんでいる場合は、二重に用心すべきということをぼくは学んだ。

もちろん、こういう指摘がとりわけ記憶に残っているのは、（ほかの学生もいる教室ではなく）ぼくひとりに対して言われたからだ。しかもその場に、つまりチュートリアルでの討論のなりゆきに、大いに関係のあった指摘だ。ある同級生がこのチューターに、ビクトリア朝の反ユダヤ主義の調査という提案をして、チューターから「ユダヤ史とは、単に反ユダヤ主義の研究なのかね？」というようなことを言われて、感じ入ったことがあった。この話に、ぼくの友人（ユダヤ系）も感銘を受けていた。自分がまさにそういう見かたも持っていたからだという。

オックスフォードで師事したチューターの誰についても、書くねたに困らない。ぼくはアレクサンドロス大王について、おそらくは世界有数の専門家であるロビン・レイン・フォックスの教えを受けられて、とても幸運だった（オリバー・ストーン監督の映画『アレキサンダー』は、レイン・フォックスの名著がもとになっている）。レイン・フォックスだけでなく、オックスフォードの多くのチューターの著作が課題図書リストに載っていた。虚栄心からではない。単にその科目では読む必要があったからだ。自分のチューターの出版物に対し、小論文中であえて異を唱えるかどうかが、チュートリアル上の最大のジレンマのひとつだった。

レイン・フォックスは何十年も同じ問題について数々の学生と話し合ってきたにちがいないが、ものごとを説明する新たな方法をしじゅう探っているのがよくわかった。これもチュートリアルのほうが講義よりも〝新鮮〟な部分だった。講義ではふつう先生は用意してきた文言を読み上げるだけだ。

あるとき、ぼくがアレクサンドロス大王の〝神性〟という考えかたに困惑していることを、レイン・フォックスが察知してストップをかけ、〝神〟はかならずしも全能の、（たいてい天国にいる）不滅の存在である必要はないと説明したことを覚えている。部分的に神性を宿す、神的な側面（神のごとき叡智や勇気）を持つ、自分と神とを関連づける、神との特別な類似性または神の血筋（アレクサンドロス大王の場合はゼウス《アモン》）を主張するなど、〝神〟のありようはさまざまだ、と。ぼくはそういう話を勉強中に参考書籍で読んだはずだったが、レイン・フォックスがその場でおもしろい例を挙げることで生きと説明するまでは、なぜかぼくのなかから抜け落ちていた。その体験が何年もあとになって役立ったのは、ぼくが東京に住むようになって、東郷神社と乃木神社があるのに、祀られている両者とも、かつてのぼくの解釈どおりの〝神〟ではないことに気づいたときだった。

こんなふうにチューートリアル制度とは、ぼくがオックスフォードで〝週に一時間の授業〟を受けることとも言えた。けれど、なんという〝一時間〟だったことだろう。

Chapter 6 〝勉強中毒〟になる理想的な環境

以前、オックスフォードで経験したことについて語り合っていたときに、ある友人が言った。「ぼくの場合は、バーでサミールと哲学を論じたりしたことだね」

あとになって思ったのだが、そのときのぼくの認識よりもずっと当を得たひとことだった。友人が言いたかったのは、単にぼくらが学友と知的な議論をしたということではなかった（かなり奇を衒《てら》った議論もあったことをつけ加えておくべきだろう）。知的な議論が〝ダサい〟ことでもオタクっぽいことでもなかったという話だ。ぼくらは相手の話題に甚だしく興味をいだく学生でありつつも、ビールを片手にバーで浮かれ騒ぐ若造でもあった。そんなことが起こりうる場所は、そうあるものじゃない。

ぼくはたまたま、この原稿をパブで書いている。けれど、となりのテーブルに身を乗り出して、このところ関心のある知的な話題について話し始めるなんてことは、ぜったいにありえない。例えば、才知にたけた歴史家のP・A・ブラントが、著書の『ローマ共和国の社会的葛藤』によって共和政ローマ後期のとらえかたをどう変革したかについて、誰かに語るなんてできないだろう。

ブラント以前は、共和政ローマの分裂の原因は単純に、有力な貴族の野望と対立関係にあるという見かたが常識だった。対してブラントは、有力者たちが不満をかかえた支持者たちを（ひとつには自分の野望を実現するために）代表していたこと、そして有力者たちの政策が社会的要求と社会悪を反映していたことを示した。目下のところぼくの頭には、次のような論がある。〝ブレグジット〟（イギリスのEU離脱）の原因を単に、〝保守派の内戦〟のようなものに帰する意見が一部にある。つまり、保守派の指導者たちの権力闘争の結果としてブレグジットが起きたという意見だ。まるで国内の相当な数の人たちがEUに同調していなかったことなど、重要ではないかのような見かただ。ぼくはそこに、共和政ローマに関するかつての見解との類似点のようなものを見出している（古代ローマと現代のイギリスが似ているという意味ではなく、権力闘争が安易に〝原因〟とされるところが似ている）。

ぼくはこういう話題をめぐる議論をほんとうにしてみたいと思っている。反論を聞きたいし、自分の理論の限界に気づきたいし、別の理論を聞きたい。オックスフォードだったら、まさにこの手の議論がなされていただろう――授業以外でも。けれどたいがいの場では、そんな話を持ち出してもみんな興味を示さないだろうし、ひょっとして（おもに興味がないせいで）話についてこられないかもしれないし、もしかするとぼくのことを、変人／うざいやつ／目立ちたがり屋で、鼻っ柱をへし折られるに値する人間と思い込むかもしれない。

そういう事態には陥らなかったとしても、みんなが自分なりの話を提供してくれるとか、あるいは興味深い意見で反論するとかいう展開は、まずないだろう。こんな比較が間違っていることは承知している――エセックス州のパブは、オックスフォード大学のようにはいかない――けれど、ぼくらを包んでいたあの空気について、少しお伝えしたいのだ。ぼくが大好きだった、なつかしくてたまらないあの空気のことを。

オックスフォードには、考えかたの〝相互交流〟みたいなものがあった。自分の専攻科目はひとつだが、違う専攻の学生とも話をした。ぼくはたぶん経済学について、学校の経済学の先生よりも、友人のオリー（今はエクセター大学の教授）からたくさん学んだ。先生の話を身を入れて聞いていなかったことは認めるけれど。

理解不能な話をするのではなく、むずかしい事柄を簡単な言葉で説明できるのが、頭のいい人のしるしだ。ぼくはオックスフォードでそんな人にたくさん出会った。もちろん教科を教えるのは先生だったけれど、学生は互いからも学んでいて、それはとてもたいせつなことだった。チューターよりも学友と過ごす時間のほうが長かったからだ。大学は単に勉学の場というだけではなく、学問に励む者どうしが議論することで、新しい考えかたやもっと深い理解に至る場でもあるという点が、とても重要なのではないだろうか。ぼくはまさにそういうことを、オックスフォードについて感じていた。

ふと思い出したのだが、カレッジのダイニング・ホールで英文学科の学生たちがシェイクスピアの『ジュリアス・シーザー』を論じていたところに、ぼくがおもしろく思った話を披露したことがある。古代ローマを扱う歴史家たちは長年、こんな見かたをしていた。犯罪者、解放奴隷、逃亡奴隷、その他の〝卑しき者たち〟から成る、ローマの〝暴民〟が問題を起こすのは、単純にそうするのが天性だからである、と。そうして一九世紀の学者たちは、まるでキケロが党派心の強い反動的な政治家ではなく、中立的な立場の観察者だったかのように、その言説を受けとめた。キケロを好み、信じたのだ。キケロが博学な紳士だったので、何世紀も昔のローマの、自分たちのような存在と見なして。

一方、シェイクスピアは『ジュリアス・シーザー』の登場人物を、〝暴民〟から職人に脚色した。冒頭の場面には靴直し屋と大工が登場する。エリザベス朝のロンドンに暮らしていたシェイクスピアは、ヴィクトリア朝の象牙の塔にいる学者連よりも、古代ローマの都市国家の、実際の姿に近いところにいた。〝暴民〟の人物像を、直感で的確につかんでいた。

ぼくは『ジュリアス・シーザー』を論じていた数人の学生たちがこの説に魅せられたのがうれしかったし、ぼく自身の見解ではないことを認めなくてはならないのが残念だった。前週に読んだ、P・A・ブラントの著作にあった説だった。いわく、平民とは暴力に発展しかねないような社会問題をかかえた低収入労働者であり、キケロが罵倒したような無職の怠け者ではなかった。ぼくの記憶が正しければ、ブラントはローマの暴動がおおむね三日後には収束していったと指摘していた。それは人々が仕事に戻らなくてはならなかったから、というのがブラントの結論だった。

もっと最近の話だが、オックスフォード出身の古い友人と、優れた文章の技法について語り合っていて、ジョージ・オーウェルの『一九八四年』冒頭のもともとの文章が、出版された文章とくらべてどうかという話題になった。オーウェルは冒頭を大幅に改稿して、文章を刈りこんでシンプルにすることで、よけいな細部を取り除き、読者がこれから入っていく暗黒郷《ディストピア》の不気味な姿を完璧に描き出すことに集中した、という話だ。そこで友人が、ぼくの記憶する冒頭の文章が少し間違っていることを指摘し、そらんじている最初の数行を引用してみせた。

念のために言うと、世に出た冒頭の文章はこうだ。「四月の晴れた寒い日に、時計が一三時を打っていた」。オーウェルが手を加える前は「四月はじめの寒くて風の強い日」だった。そして「時計が～」の部分は、「一〇〇万台のラジオが一三時を報せていた」から「無数の時計が一三時を打っていた」を経て、あの簡素な整った文章になった。

要するにぼくは、自分がオーウェルの権威だといささかうぬぼれていた。オーウェルは物書きとしてのぼくのヒーローであり、感化される存在だった。なのに、オックスフォードの物理学専攻の元学友とオーウェルについて話しているときに、その部屋で……ふたりしかいないその部屋で、自分がオーウェルの第一人者ではないと悟った。もちろん、そのときはばつが悪かったけれど、ぼくが今あの冒頭の名文を正しく覚えているのは、ぼくの誤りを正してくれた人がいて、そのおかげで読み直す気になったからだ。冒頭の文章は、ぼくの思っていた「四月の凍りつくような朝」ではなかった。オーウェルなら、ふたつの衝突する概念をひとつの文章に入れたりはしなかっただろう（四月なのにどうして〝凍りつく〟んだ？）。そんなことをしたら、次の文章への注意がそがれるからだ（でも時計はふつう一三回打たないぞ！）。オーウェルは読者の意識を、〝不吉な〟一三という数に向けたかったのだ。

こんなふうに、オックスフォード生との交流は、学生時代も今もぼくを磨いてくれる。そしてオックスフォードの学内は、理想の環境だった。国内で出版された本なら、ほぼなんでも閲覧できた。文字どおり、ほぼなんでもだ。大学の図書館である有名なボドリアン図書館は、イギリス最古の〝納本図書館〟なので、国内で出版された本ならどれも複製する権利がある（この権利を有する図書館は、今はイギリス諸島にほかに五カ所ある）。

だが、信じられない数の本にふれられる場所というだけではなかった（蔵書は一二〇〇万冊を超え、かなりの〝保管問題〟が起きている）。建物自体も美しい。オックスフォードでもいちばんの場所のひとつが、何百万人もの観光客が証明するように、ボドリアン図書館の中庭だ。ぼくはそこを、世界のあらゆる知に囲まれる〝知性のグラウンド・ゼロ〟のような場所だと思っていた。図書館の扉を抜けて神聖な廊下に入っていくときの、あのさらなる胸の高鳴り。閲覧カードをもらう前に、本を盗んだり汚したり、構内で喫煙したりしないと誓いを立てなくてはならなかったのも、当然のことだろう。

となりのラドクリフ・カメラでもずいぶん過ごした。そこはボドリアン図書館の一部で、歴史の閲覧用図書を収蔵している。ひょっとするとその印象的な外観ゆえに、単体の被写体としては学内でいちばん人気の高い建物かもしれない。参考図書館なので本の持ち出しはできず、館内で閲覧する。ぼくは幾度となく、小一時間ばかり読書をしようと午後七時ごろに行って、気がつくと間もなくの閉館（午後一〇時）を知らせる鐘の鳴る時刻になっていた。今はもうできないような、深く集中した状態に入って、時が消滅していた。それはひとつには建物自体が美しかったから、そして学んでいた内容の魅力によるものだったと思う。けれど、オックスフォード大学に籍を置くことは名誉なのだから、〝勉学〟こそが本分だとわかっていたからでもあった。やるべきことをやっているという、強烈な感覚があった。

学内の図書館は〝重層的〟だった。カレッジの図書館は、寄宿舎やダイニング・ホール、くつろぎの場の芝生やバーに近接しているので、大半の学生がまず立ち寄る場所だった。最終学年の学生はよく、カレッジの図書館で午後一〇時五〇分まで勉強してから、バーのラストオーダーの一一時に間に合うように歩いていった。どのカレッジにもすばらしい図書館があって、学生の専攻課程に必要な定番の図書をほとんど置いていた。

それから学部図書館もあって、毎週の〝課題図書リスト〟に載るような本がほとんど揃っていた。ぼくが使っていたのは壮麗な歴史学部図書館（近代史用）、そして小ぶりの古典学部貸出図書館（古代史用）だった。そういう図書館がボドリアンに加えて存在していた。課題がお粗末な出来でも、「資料が見つからなかったので」という言いわけは通用しなかった。さらに、古代史の図書を収蔵していた壮麗なテイラー図書館もあった。そこが大好きだったのは、休憩時間にとなりのアシュモリアン博物館にも足を運べたからだ。みごとな〝アルフレッド・ジュエル〟（アルフレッド大王のために作られたと言われる、アングロ・サクソン期の宝飾品）を眺めるために立ち寄ったことが、三〇回はあっただろう。

ぼくは課題を片づけるにあたり、まずは図書館めぐりで本を漁《あさ》って、貸出図書館では自室で読めるように本を借りた（ボドリアンは大好きだったけれど、読書中の紅茶が恋しかった）。〝論文恐慌《クライシス》〟に陥った深夜を除き、それほどカレッジの図書館を使わなかったという点では、ぼくは少数派だった。ぼくらのカレッジの図書館は二四時間開いていて、信じられないほど簡単に本を入手できた。ぼくの利用する図書館はすべて、自転車で一〇分以内の場所にあった。

ぼくの活字への愛は、大学時代にいっそう激しさを増した。偉大な学者が最新の発想を一章にまとめたものが載った、参考図書としての偉大な雑誌（《クラシカル・クォータリー》や《ジャーナル・オブ・コンテンポラリー・ヒストリー》）を自分で買える――あるいは所蔵できる――ことなんて、この先ないとわかっていた。たった三〇ページの論文が、ひとつの時代や研究対象のとらえかたを一八〇度変えてしまうことだってある。そうでなくとも、理解に新たな深みやふくらみを与えてくれるかもしれない。だからぼくは気に入った記事をたくさんコピーして、きちんとファイルに収めた。

ぼくは折にふれて、とりわけ好きな記事を読み返している。例えば一八八〇～一九三九年の、ブリテンの労働者階級の賭博を扱った、ロス・マッキビンのみごとな作品だ。この論文は、賭博という広く普及した趣味が、なぜ支配階級の考えていたような社会悪ではないのかを示している。少しふしぎに思えるかもしれないが、ぼくはイギリスの支配階級が、下層階級はろくでなしという見かたをしたことと、古代ローマの歴史家が〝暴民〟について、やはりろくでなしという結論に飛びついたことに、類似点を見出していた。オックスフォードは、人にじっくりとものごとを考えさせる場所だった。

オックスフォードでぼくが読んでいたのは、専攻課程の課題図書ばかりではなかった。そういう本を読むのがぼくの〝仕事〟だったけれど、必読ではない本も〝娯楽〟のために読んだ。ノルウェーにおけるヴィドクン・クヴィスリング（キスリング）の政権掌握についての本を、好奇心から読んだ記憶がある（ノルウェーが試験に出ることはまずなかったし、ぼくの歴史のチューターは、ある週の論題にノルウェーを取り上げてはどうかというぼくの提案を却下した）。〝キスリング〟という単語は、英語で〝裏切り者〟を意味する言葉になっているけれど、果たしてキスリングが母国を裏切っただけの男なのか、それともキスリングのやったことには正当化できるなんらかの理由（ノルウェーをナチの直接の支配から〝守る〟ため？）があったのかと、ぼくは疑問に思ったのだ。

似たような気持ちで、悪名高き〝裏切り者〟のアンドレイ・ウラソフに同情的な論調の本を見つけて読んだこともある。ウラソフは旧ソ連軍の高官で、ナチス・ドイツに投降して協力者となった人物だ。片や同胞の大量虐殺に躍起になっている独裁者、片や同じ目標を持つもうひとりの独裁者、そのどちらに味方し、どちらに敵対するかの板挟みになった男。これも課題図書ではなかったし、学習の主題でもなかった。

ソビエト時代の初期に農民を〝社会主義化〟するために地方に送られた、鉄鋼労働者二万五〇〇〇人の苦闘について書かれた本を読んだこともあった。課題図書リストに載っていたわけではなく、ただ〝英雄的階級闘争〟に現実に携わった人たちの話を知るのはおもしろそうだと（そして自分の専攻課程と無関係ではないと）思ったからだ。

さらには、小説、戯曲、ノンフィクションもたくさん読んだ。ぼくは寝る前にベッドで最低三〇分は〝軽い〟本を読むことにしていた。その日に勉強していた内容を、夢に見ずにすむように（ソビエトの工業統計が夢にまでしゃしゃり出てきたら、誰だって熟睡できまい）。ぼくは自分の専攻課程にほんのわずかでも関係のある読書をしようと努めていたので、例えばロシア・ソビエト連邦社会主義共和国の勉強をしていたときは、ソルジェニーツィンやショーロホフを読んだ。ソルジェニーツィンは、ぼくのソビエト共産主義についての甘い幻想を残らず奪い去った。ショーロホフは、国の御用作家が生み出せる〝文学〟の限界を示した。

古代アテネの勉強をしていたときは、アリストファネスの戯曲が大好きになった（二五〇〇年近く経った今も、その作品はとてもおもしろみがあって共感できる)。先日ぼくは初めて陪審員に召喚されたので、アリストファネスの『蜂』のことを考えた。

たぶん三年間のオックスフォード生活での読書量は、卒業してからの二五年間を超えるものだった。オックスフォードで維持していたような集中力をもって読書をすることが、たとえ短時間でもなくなったのは確かだ。ぼくが読書量の自慢をするつもりなどないことは、わかっていただきたい。勉学と習得を促すオックスフォードの尋常ならざる空気や設備について、少しでもお伝えできればと思ってのことなのだ。

Chapter 7 世界でいちばん難度の高い卒業試験

いきなり試験を受けさせられるという不安な夢を見るのは、よくある話だ。だが、何カ月間もほぼ毎晩、続いて一年間は毎週のように、そのあとさらに二〇年にわたって時折そんな夢を見るというのは、どれくらいふつうのことなのだろう。ぼくの場合、いつも同じ夢だ。あとひとつ受けなくてはならない試験があるのを、なぜだか忘れていて、自分の成績がどう転ぶかわからないという夢。ぼくのだいじな〝第一級〟の成績、すでに与えられたとばかり思っていたのに！

フランス語の試験でもなく、中等学校時代の試験でもなく、〝試験会場が見つからない〟のでもなく、その場にあるまじき格好をしているというのでもない。いつもオックスフォード大学の卒業試験、**試験があとひとつ**という夢なのだ。

あまりにもしつこくそんな夢を見るので、軽度のＰＴＳＤ（心的外傷後ストレス障害）

を思っているのではないかと疑ったこともある。誉れ高き大学で試験を受けることを〝トラウマ〟みたいに言うなんて、退役軍人や自然災害の被災者がかかえるトラウマとは到底くらべものにならないのに、お笑いぐさだ。それでも、ぼくにとって卒業試験は今も、人生における一大事件なのだ。実際に受けるまでのまる一年のあいだ、ぼくの頭のなかを占めていた。試験が終わると、いきなり目的を失ったせいで妙に混乱した気持ちになった。最初の試験の会場に入る前に、不安な気持ちで待機場所にいた自分を、今でもありありと思い出せるけれど、試験そのものの記憶はぼんやりしている。

もちろん誰にでも試験の思い出があり、誰もがぴりぴりした気持ちを覚えていて、誰もが試験での大成功や大失敗の記憶を自分なりに持っている。けれども、オックスフォードの〝卒業試験《ファイナルズ》〟はとりわけ苦しいと言い切れると思う。あえて言わせてもらえば、ぼくの試験はたぶん、あなたの試験よりもたいへんだった。

試験問題がむずかしかったという意味とは限らない。ぼくの卒業試験の問題など朝めし前に思えるほどたいへんな、大学院の入試を受けた人もきっといるはずだ。医師や弁護士なら、ぼくらが学部の専攻課程で求められた年月よりも、はるかに長期の学習が必要な試験を受けたことだろう。それでもぼくらの卒業試験は、異様なほど緊迫した状況で受ける、とことん難度の高いものだった。

オックスフォードでは、学生の最終的な等級付けは卒業試験の出来にかかっている。入学一年めの年度末試験で目覚ましい成績を残そうと、それは価値を持たない。三年間にわたる専攻課程の課題をみごとにこなそうと、なんの評価も得られない。チューターから、類いまれな魅惑の知性の持ち主と思われようが、一切関係ない。卒業試験でどれだけの力を見せるかだけが問題なのだ。

ぼくの卒業試験は一九九二年の五月二八日から六月二日。そのうちの四日間で七つの試験を受けた。木、金、月の午前と午後、最後の試験が火曜の午前だった。試験は各三時間。試験ごとに三つの小論文を書かなくてはならなかったが、ひとつだけ〝抜粋〟問題を含む試験があった——古代ギリシアに関する指定教材からの抜粋に、論評を加える試験だ。

言い換えれば、ぼくは数日間で小論文を二〇本ほども書いた。ひとつにつき一時間、次の試験とのあいだにろくな休憩時間もなく書いた。書く道具はペン。オックスフォード時代にようやく気づいたのだが（気づくのが遅すぎて矯正できなかったのだが）、ペンの持ちかたがおかしいせいで、右手の小指がつねに紙にふれていて、ものを書く際に紙とこすれてしまう。卒業試験が終わるころには、小指の皮膚が紙との摩擦でつるつるになっていた。途中、小指に水ぶくれができるのではないかと心配になって、絆創膏を貼った。だが、たちまち絆創膏が汚れてしまったので、解答用紙に薄汚いあとがつかないようにはがさなくてはならなかった。手を痛めたのはぼくだけではなかった。学生の多くが解答の執筆を中断して、利き手を広げてはまた握り直し、手のこわばりをやわらげようと振ったりしていた。

ぼくは試験対策の達人を自負していた。出題の傾向を知るべく、過去問を徹底的に分析した。かならず出る論題を見きわめると、どの論題を掘り下げて勉強するかを選んで、残りはほぼ無視した。ぼくらは一学期八週間のあいだに、八つの論題について八つの小論文を書いた。ぼくは試験でかならず出題され、かつ自分がよく理解していると思える論題を三つ選んだ。予備の用意はほとんどなかった。もし選んでおいた論題が出題されなかったら、うろおぼえの授業内容のつぎはぎでしのがなくてはならなかっただろう。だが、読みは的中した。ぼくの準備していた題目が、ひとつ残らず出題された。ぼくは抜け道を見つけたのだ。

年間を通じて勉学に励んで、学期中の小論文ひとつひとつに堅実に取り組んだ学生なら、おそらく八つの小論文のどれもいいものを書けたはずだ。だが、いちばん出来のいい三つをくらべたら、ぼくのにはかなわなかっただろう。ぼくはリスクのある戦略を用いたけれど、実際はそれほど危なくはなかった。例えば一九一四〜四一年の過去問では、約三〇のお題から選ぶことになっていた。ヒトラーの政権掌握やソ連の社会制度についての問題がひとつも出ないという事態は、まず考えられなかった。

肝心なのは、勉強する範囲を限定しすぎないことだった。例えばぼくは、ソビエトの経済だけ、ソビエトの外交政策だけではなく、ロシア＝ソビエト連邦全般について勉強した（そして、フランス第三共和政に関する題目はまるごと捨てた）。

加えて、臨機応変でなくてはならなかった。〝ヒトラーの政権掌握〟を集中的に勉強したとはいえ、もし「ワイマール共和国の崩壊の原因は何か」という問題が出たとしても、ぼくは動じなかっただろう。別の角度からの、同じ質問にすぎないからだ。つまり、持てる知識を総動員して、問いに沿って答えればすんだ。驚くなかれ、その手の問題に学生が動揺することもあった。パニックに陥り、〝ワイマールじゃなくてヒトラー〟の準備をしていたのにと考える者もいるのだ。そうでない者は、準備しておいた角度から問いに答える。すなわち、ワイマール共和国の弱点ではなく、ヒトラーの成功という角度から。

オックスフォードにも、基本的な受験テクニックを持たない学生がいた。小論文を一本あたり一時間の見当で書くとなると、時間をめいっぱい使おうとして、いきなり執筆にとりかかる者が実際にいたのだ。一〇分間かけて構成を考えてから五〇分間で書くほうが、はるかにいいのに。達成可能な目標に合わせた時間の配分をしない学生もいた。目標の三分の一にあたる部分に持ち時間の半分を費やした挙げ句、残された時間で〝三分の二〟を書き飛ばす、というように（日本人の学生なら誰もそんな初歩的なミスは犯さないと、ぼくは確信している）。

三年間の努力が数日間の試験の出来で評価されるというストレスに、どうしても対処できない学生もいた。ぼくの同級生ではふたりいて、ひとりは一緒に歴史学を学んだ学生だったが、ふたりとも最終学期に卒業試験の受験をやめた。ほかにもぼくの知る学生が数人、受験をやめかけたけれど、回避を認められなかった。チューターは、学生が明らかにノイローゼに陥りかけている場合に限って、脱落をほぼ容認した。

そういう学生は一年後に卒業試験を受けてよいことになったが、学内にはとどまらなかった。実家に戻って、チューターの補助を受けながらもう一年勉強する。実質的には一年間の執行猶予だ。準備期間を〝一年おまけ〟してもらったからといって、試験の成績が上がることはたいていない（むしろ〝調子を落とす〟こともある）。

同級生だった歴史専攻の女性の場合、猶予期間が危うく悲劇的な結末を迎えるところだった。恐ろしいことを先延ばしにするのは、良策とは限らない。その女性は翌年の最初の試験の最中に、会場から出ていこうとした。窮地を脱したのは、同じ試験会場に偶然にも居合わせた友人が女性を引き留め、席に戻って答案を仕上げるよう説得したからだった。その友人がいなかったら――そして、試験のさなかに学生ふたりが通路で一〇分間も立ち話をする（！）のを黙認する、という賢明さを試験監督が発揮しなかったら──女性の卒業はかなわなかっただろう（卒業試験の延期は一回限定だ）。

言うまでもなく、ぼくらはもう一年の猶予を訴える学生に多大な憐れみを覚え、彼らを〝腰抜け《ジバーズ》〟と呼んだ。ぼくの友人が、そういう不運な学生に聞えよがしに「腰抜けどもが、どいつもこいつも尻込みしやがるんだよな！」と大声で言ったことを、今でもありありと思い出す。ぼくがあとにも先にも使ったことのないその言葉は、例えば、馬が障害物の手前で急に止まって、飛び越すのをためらうようすを表している。心ない残酷な言葉と思われるかもしれないが、それはぼくらがみんな心の底で卒業試験におびえきっていたからだと言うしかない。試験をやめた者をからかったのは、強がってみせるためだった。恐くなんかないふりをして、試験をやめたりできない状況に、自分をいわば追い込んでいたのだ。

〝腰抜け〟をからかった友人はというと、試験官に鉛筆の使用を願い出た。ペンで書けないという強迫観念にとりつかれているという、医師の診断書まで持ち出して。試験官は友人の要求には応じなかったけれど、友人は結局、第一級の成績を取った。だから、友人も卒業試験が原因の心理的な危機みたいなものに陥っていて、それが一時的な〝ペン恐怖症〟となって表れたと見なすのが妥当じゃないかと思う。ぼくの場合は人生初のパニック発作に見舞われ、懸命に呼吸をしても肺に空気が入ってこないと思い込むようになった

（じつは懸命に呼吸をするほど、そういう感覚が生じる）。

なぜかぼくらは、めったに着る機会のない〝式服《サブファスク》〟をまとって試験を受けた。黒いスーツに白の蝶ネクタイ、アカデミック・ガウンと角帽（角帽は携行しなくてはならないが、試験中はかぶらない）。何らかの理由で今に残る伝統で、ひょっとして試験が厳粛で特別な場であることを学生に思い出させるためなのかもしれない。だが、思い出させてもらうまでもなかった。あの妙な衣装のせいで、緊張がいや増すばかりだったかもしれない。

むりやり試験を受けることにしても、当日に上がってしまう者もいた。たまたま試験の数日間に体調を少し崩したせいで、試験の出来に影響が出た者もいた。女子学生はピルで生理を遅らせた。それでも、少なくともぼくの仲間うちでは、男子のほうが女子よりも少しだけ、卒業試験への耐性があったと思う。優秀な女子学生が、もっと学業的に劣る男子学生と同じ、第二級下の成績に終わるという例もあった。

ぼくは卒業試験に神経をとがらせていた。今も思い出すだけで心拍数が上がる。けれど、最大のチャンスだとも自覚していた。試験がどんなに恐ろしく思えても、自分は当日になると実力を超える力を発揮する傾向にあり、対して競争相手の多くは〝本番〟で実力を発揮できないだろう、と。それより何より、ぼくは卒業試験だけで成績がつくことがうれしかった。ぼくの三年間の成績にはむらがあり、ときどきチューターからもはっきりとそう言われていた。あるチューターから、ぼくの成績に「色を付けて、第二級上にする」つもりだと言われたのを覚えている。ぼくは第一級を狙う学徒ではなく、第二級下がせいぜいと思われていたわけだ。学期中の小論文の出来からすると、とんでもない見立て違いとも言えなかった。

ぼくが試験を好んだ理由がもうひとつ。筆記試験なので〝ブラインドテスト〟だからだ。ぼくは一度（たった一度だけ）、オックスフォードのチューターから労働者階級のアクセントをあからさまにばかにされたことがあったけれど、そういう無意識の偏見はほかにもあったのではないかと思う。チューターは聡明な人たちではあったが、圧倒的に上流階級の出身者が多かった。そして自分たちと同じクイーンズ・イングリッシュを話す学生を（無意識のうちに）高く評価し、発音が〝乱暴〟な学生を（無意識のうちに）過小評価していた。思うに、ぼくに第二級上の成績を約束したイートン校出身のチューターは、ぼくのアクセントをいささか〝無教養〟と感じたのではないだろうか。また、授業中にぼくが（お坊ちゃん学校の子どもが仕込まれるように）自信たっぷりに自分の意見を差し挟むのではなく、（できるだけ余すところなく叡智を吸収するために）授業に黙って耳を傾けたことも、よしとしなかったのかもしれない。そういうわけで、ぼくは卒業試験で姿を見られたり声を聞かれたりしないことがうれしかった。判断材料は、解答用紙の自論だけだった。

あのチューターが約束どおり、ちょっとだけ〝色を付けて〟くれたことは、ここで強調しておくべきだろう。彼の生き生きとした超一流の授業に刺激を受けて、ぼくは彼の教える科目で自己最高の評価をもらった。ぼくが第一級をとれたのは、そういう高い評価のおかげで基準点を超えられたからだ。このままでは第二級下、という彼の判断ミスは許容できる。

最近この章を書くために、実家に置いてあった荷物から大学時代の古いノートを引っぱり出した。そして自分がどれほど策をめぐらしたかに、われながら驚いてしまった。数々の（ロシア＝ソビエト連邦、アレクサンドロス大王などの）フォルダに混じって、試験対策専用のフォルダがあった。ぼくは試験自体がひとつの学科であるかのように勉強したも同然だった。フォルダには、受ける予定の各試験の、直近三年間の過去問のコピーだけでなく、詳細な分析ノートも入っていた。どの教材からのどんな〝抜粋〟が出題されやすいか、という分類まであった（『アレクサンドロス東征記』の第一巻と第三巻が突出していた）。その結果を補強する材料として、抜粋の選びかたからして出題者が何の〝テーマ〟に関心をいだいていると思われるか、というノートも作っていた（アレクサンドロス大王についての資料の信頼性、古代アテネのさまざまな国家機関どうしの関係などだった）。

〝試験官報告書〟もコピーしてファイルに入れたことを、すっかり忘れていた。それは採点をした某チューターが書いた文章で、解答の良いところ、悪いところ、採点のしかたについてのコメントが書かれている。ぼくがあらん限りの技能を発揮して、コメントを解剖したのは明らかだった。（オックスフォードの専攻課程で学ぶ者だけが理解できるような）かなり専門的なコメントもあったが、ほかは地雷を踏むべからずという単純な戒めだった。一九八九年の資料には、試験官たちが悪筆と〝ぞっとするような書き間違い〟に言及しているとある。ぼくはきっと、読みやすさを犠牲にしてまで、解答用紙に単語や考えを詰め込もうと〝突進〟してはならないと胸に刻んだのだ。

試験官たちはまた、解答にスコットランド、ウェールズ、アイルランドの関連要素が含まれるような問題のなかで、「イギリス、イギリス人、イギリス諸島」と明記していたことを、ぶっきらぼうに指摘していた。ところが学生たちは、イングランドについてのみ解答するという「自国優越思想ゆえの盲目ぶり」を見せていた。こんな過ちをけっしてくり返してはならぬと、書き留めたのだろう（たとえぼくの方策が、その手の質問を回避するというものだったにせよ）。

卒業試験は、オックスフォード生にとっての通過儀礼だ。ぼくらは卒業試験を忌みきらいはしたが、あの体験に妙な誇りをいだいている。ある学生が卒業試験を「知性のオーガズム」のようなものと形容したことを覚えている。ぼくはそれほどの域には達しなかったけれど、卒業試験はオックスフォードでの教育の頂点であり、すべてがその目標へと向かっていた。卒業試験を乗り切れたら、なんだって乗り切れると言われる。もちろんそうとも限らないけれど、二一歳にしてあんな試練に直面することで、のちの人生で乗り越えられるストレスのレベルが確実に上がる。これも、オックスフォードの卒業生が抜きん出ている理由のひとつに挙げたい。

ぼくの場合、あれ以来試験というものに怖気づかなくなった。コロンビア大学のジャーナリズム・スクールの入学試験だって、汗ひとつかかずに受けたものだ（合格したが、入学はしなかった）。徹底した合理主義と最高の効率性をもって準備をすることを、ぼくはしっかりと学んで、生涯のものとして身につけた。何かのプロジェクトに取り組む際にはまず、どれくらいの作業をいつまでにやらなくてはならないかを計算し、必要量を超える作業は一切しない。そうすると、ぼくが怠けていると思って同僚がひどくやきもきすることもあるけれど、ぼくは〝時間管理〟を、この用語を学びもしないうちからオックスフォードで身につけたのだ。

ぼくにとって卒業試験とは、苦難をただくぐり抜けるだけでなく、すばらしいかたちで通過するという体験だった。ぼくの第一級での卒業はおろか、オックスフォードへの入学すら誰も予想だにしなかったのだから、わが人生においてこれ以上ないほどの偉業と言えるのではないだろうか。ぼくは実現の可能性のかなり低い目標を設定し、達成した。そこに到達するために策略をごまんとめぐらしたことは認めるけれど。成し遂げたことに疑問の余地がない場合に言うように、〝けっしてぼくから奪うことのできない〟ものなのだ。

だからぼくは、卒業試験というトラウマに感謝している。ただ、試験の夢を次に見る機会があったら、しあわせな夢にならないものかとは思うけれど。

Chapter 8 学生を格付けする成績評価システム

チャールズ・ライダーの、〝従兄のジャスパー〟は、架空のキャラクターでありながらよく引き合いに出される（しかも物語では端役なのだが）。入学したばかりのチャールズへの、ジャスパーからの不朽のアドバイスを、多くのオックスフォード生が覚えている。「目指すは第一級か第四級だ。半端な成績にはなんの値打ちもない。好成績の第二級なんて、勉強するだけむだだね」

この台詞は、軽はずみなところのありがちな若者の心に響きやすい。そう、第一級を取れたらすごい。でも大学時代を猛勉強に費やした挙げ句、中途半端な成績で終わるなんてめちゃくちゃかっこ悪い。やりたい放題やって、とりあえず大学生でいられる程度の勉強をして、学位だけもらって卒業するほうがいいと、ぼくらは考えた。だって最下位の成績でも、オックスフォードの学位に変わりはないじゃないか、と。

もちろん、ひどい成績を〝目指す〟者なんていなかったけれど、オリンピックの決勝での最下位になぞらえることもできると、ぼくらは思っていた。肝心なのは決勝に進出したこと。良い〝悪成績〟とも言える、と。

もっとまともに考えても、どのみち第一級を取るだけの才能がないなら、ありふれた第二級を必死に取りにいくよりも、のちの人生に役立つような何かにエネルギーを振り分けるほうがいい。大学新聞の編集とか、演劇の監督とか、〈オックスフォード・ユニオン・ソサエティ〉で役職に就くとか。

ジャスパーとチャールズが登場するイーヴリン・ウォーの小説『回想のブライズヘッド』は、過ぎ去った時代が舞台だ。出版は一九四五年だが、戦前のイギリスの〝失われた世界〟を懐旧の念とともに描いている（そういう意味では、ぼくがオックスフォードの友人に勧められて読んだ、初めての日本の小説『細雪《ささめゆき》』と似通ったところがある）。

言うまでもなく『回想のブライズヘッド』のあれこれが、どうにも時代遅れだ。特に〝第四級〟というジャスパーの発言。今のオックスフォードは、ほかの大学と同様に、成績を第一級、第二級上、第二級下、第三級に分けている（第二級上と第二級下は一般に、〝2：1、2：2〟と呼ばれる）。だが、それでもジャスパーの寸言が今なお意味を持つのは、学位に等級があるからだけでなく、学生が突きつけられる大問題でもあるからだ。どの成績を狙うのか、どれだけの犠牲を払う覚悟があるのか、どのくらいの成績でよしとするのか……。

第一級は希少だ。最も才気ある学生だけのものとされている。だが、その希少性は薄れてきている。ぼくの学生時代には第一級を取る学生は五人にひとりもいなかったけれど、今では三人にひとりに近い。みんな心のなかでは第一級を欲しがっているのに、ほぼ誰もそう認めようとしないのは、とても優秀な学生ですら、複数の試験でのひとつの科目のせいで、あるいはたったひとつのお粗末な論文のせいで逃したりするからだ。

第三級はめったになく、第一級よりもずっとめずらしかった（どんどんめずらしくなっている）。みんな第三級は免れたいのだが、もしそうなってもまったく気にしないと口にする者もたくさんいた。誰の身にも起きる可能性があることだから、と。例えば、試験のストレスとうまくつきあえないというだけでも起こりうるのだから。

かくして大半の者が第二級の学位を取るのだが、持っていてもあまり心弾むものではない。人は第一級や第三級には驚きの表情を浮かべるけれど、第二級は上でも下でも凡庸だ（そのこともあって、ぼくらの多くがジャスパーの〝好成績の第二級〟の無益さについてのアドバイスに、真実味を感じたのだ）。惜しいところで第一級を逃したと言い立てるようなつまらないやつはお断りという、イギリスの二〇代の決まり文句もある。

とはいえ、第二級上と第二級下では大違いだ。ぼくのころは第二級上の学生は通常、大学院に進学する力があると見なされ、学費の援助も期待できたけれど、第二級下だとそうはいかなかった。だから、勉学を続けるという大望をいだく者にとっては、重要な境界線だった。第二級下を取るような学生が学問の世界でのキャリアを望むなんて、と思われるかもしれないが、ある特殊な分野の専門知識があって、その道を究めたいと望む学生もいる。なのに、苦手な科目を含む複数の専攻（または、ある専攻の複数の側面）を〝束ねた〟学士号を取らなくてはいけない場合もある。そのせいで、取得する学位の等級が下がることもあるのだ。

近年は大卒者の数が一流の就職先の数を大幅に上回っていることから、雇用側が第二級上以上の成績を基準に応募者を選別すると言われている。それが職探しのハードルになっているとされるが、オックスフォード生なら第二級下でも、ほかの大学の第二級上の学生とくらべて遜色がないと、雇用主を説得できるのではないだろうか。

じつを言うと、第三級よりも下の成績がある。とてもめずらしいので、学生の多くがその存在すら知らないほどだ。その〝合格〟とは、惨憺たる成績。皮肉な話、ほんとうは〝不合格〟と呼ぶべきものだ。全学でも毎年一〜六人程度ではあるまいか。そんな学生が出たなんて、カレッジにとっては汚点だ。その学生は専攻課程についていけなかったわけで、そもそも入学させたのが間違いだったか、卒業試験までに辞めさせるべきだったのだから。〝合格〟の学生は〝優等学位〟はもらえないので、学位に消えない傷が残る。〝合格〟と同じようにめずらしく、字義的にはもっと劣るのが〝不合格〟だ。といっても、さらに皮肉な話、〝不合格〟は〝合格〟よりもましだったりする。〝不合格〟の学生は後日（カレッジの後押しがあれば）試験を受け直す権利があり、従ってもっといい成績を取るかもしれないからだ。少なくとも、それ以上悪い成績になることはない。

第一級を少し上回る成績も存在する。第一級を二回取ることだ。オックスフォード生は、公式の試験を二回受ける。ふつうは一年めの終わりの〝第一次学士試験〟、そして専攻課程の終わりの卒業試験だ。究極の目標は卒業試験で第一級を取ることだが、第一次学士試験と卒業試験の両方で第一級《ファースト》を取ると、まぐれではない証明になる。これは〝ダブル・ファースト〟（二冠）と呼ばれ、特別なこととされる。

ぼくらはカレッジにいたころ、〝ダブル・ファースト〟を成し遂げた過去の偉人たちを、畏敬の念をもって話題にした。例えば（『不思議の国のアリス』の作者、ルイス・キャロルという名前のほうが知られている）チャールズ・ドジソンは、数学でダブル・ファーストを取り、没するまでクライスト・チャーチにとどまって数学を教えた。

これは余談とも言えるが、昔は別の形の〝ダブル・ファースト〟もあった。ふたつの専攻科目を学んだ学生が、両方で第一級を取った場合だ。この形式は今は廃止されている。現在は専攻がふたつある学生は（歴史と現代語など、いわゆる〝ジョイント・スクール〟の学生は）、科目ごとに成績評価を受けるのではなく、成績全般を見て格付けされる。二科目で第一級を取った学生の例としては、一八〇八年のロバート・ピール（首相時代に近代の警察組織をつくった）、一八三一年のW・E・グラッドストン（四度にわたり首相を務めた）が挙げられ、ふたりとも古典と数学を学んで、両方で第一級を授与された。

C・S・ルイスは異例の〝トリプル・ファースト〟を達成した人物だ。古典の第一次学士試験と卒業試験で第一級を取ってダブル・ファーストを成し遂げ（一九二二年卒業）、さらに英文学でも第一級を取った（一九二三年）。ドジソンと同じく、オックスフォードで教鞭をとりながら後世に残る物語を書いたことからも、ルイスの〝マルチタスク能力〟がよくわかる（ルイスの場合は『ナルニア国物語』）。

保守党よりも労働党の古参の政治家のほうが大学時代に優秀だったことを、ぼくも友人たちも学生のころにおもしろく感じていた。デニス・ヒーリー（労働党の副党首で、政界の〝重鎮〟）はダブル・ファースト。ハロルド・ウィルソン（労働党党首の首相）が、ある世代の卒業試験で首席だった一方で、同時代の保守党員、エドワード・ヒースとマーガレット・サッチャーは第二級しかとっていない。保守党幹部最後の偉大な大学生は、ハーバート・アスキスだった（一八七六年卒）。

どうでもいいオックスフォードねただが、デーヴィッド・キャメロンは第一級をとったが（ただしダブル・ファーストではない）、トニー・ブレア、テリーザ・メイ、ボリス・ジョンソンはみんな、第二級の成績だった。

ぼくの時代は、第一次学士試験での第一級には、学業がうまくいっているしるしというだけにとどまらない意味があった。ほぼ例外なく、奨学制度という褒美があったのだ。〝奨学制度〟と聞くと金銭的な報酬のことと考える人もいるが、それは褒美の一部でしかない。ぼくはありがたくもカレッジから一〇〇ポンドをもらい、一年後にもまた同じ額を与えられた。

年間一〇〇ポンドは、けっしてばかにした額ではないけれど、人生を変えるほどではない。ぼくはその金で、それまで手に入れたいと思いながらも、（多くはハードカバーしかなかったので）ちょっと高価すぎると思っていた学術書のなかから、数冊を購入した。そしてバーでビールを二、三杯、自分におごった。

この手の制度は、例えばローズ奨学制度のようなものとは明らかに異なる。ローズ奨学制度は有名な帝国主義者のセシル・ローズの遺志に基づいて設けられたもので、一〇〇名ほどの（決まった国からの）優秀な海外留学生の留学費用をまかなう。

言うまでもなく、ぼくに適用された奨学制度の重点は名誉にあって、学生のなかで際立った存在にしてくれる。もっと数の少ない〝奨学資金〟制度もあり、これは奨学制度に次ぐもので、例えば卒業試験で第一級が取れそうだとチューターが見込んだ学生に授与される。だからオックスフォード生は、三つのランクに分けられる。奨学生（scholar）、奨学資金受給生（exhibitioner）、一般学生（commoner）だ（三つめの名称には、やや軽侮の響きがある）。

奨学制度は、〝身にまとう〟ことのできる名誉だ。試験や正式なディナーなどの決まった場では、学生は黒のスーツにアカデミックガウンの正装を求められる。一般学生はガウンのなかでも最もシンプルなものを着る。奨学生は（一部の奨学資金受給生も）少しりっぱなガウン。簡単に言うと、丈が少し長くて袖付きのものだ。

オックスフォードには階級がある。最も優秀な学者の支配する、競争社会。学部生は忘れがちだが、大学では自分たちが最下層だ。自分をエリートと思うかもしれないが、オックスフォードというピラミッドでは最底辺にいる。大学の構成員としては多数派なので、大学を代表する存在と思うかもしれないがオックスフォードの評判は、学部生の毎週の小論文ではなく、一流の学者や研究者の先駆的なすばらしい研究に基づいている。一部の学部生は学者としてすばらしい成功を収めることになるかもしれないが、それはまだ先の話だ。

ピラミッドの頂点から順に大学総長と学長、カレッジ長、教授、博士号取得者がいる。オックスフォードでの見もののひとつが、毎年の創立記念祭のパレードだ。大学の要職にある人たちが手の込んだ色彩豊かなアカデミック・ドレスを着て、名誉学位の授与式が行われるシェルドニアン・シアターまで行進する。その華やかな装いから、重要人物であることがわかる。

それにひきかえ、学部生のサブファスクは味気ない黒と白のしろもの。だが学部生たちのなかで奨学生になるのは、大学のエリートへの小さな第一歩だ――少なくとも大多数を占める一般学生とのあいだに、わずかな格差が生まれる。

ぼくのカレッジでは、奨学生のための〝ハイ・テーブル・ディナー〟への招待も、このささやかな昇格のしるしだった。ぼくら奨学生は（一度きりだが）、カレッジ長とチューター陣とともに、〝一般学生〟の学部生よりも一段高いところにあるテーブルを囲んで食事をした。

奨学生という名誉にはぼくも感じるところがあり、だいじに思った。けれど、ひょっとしたらぼくには宝の持ち腐れだったかもしれない。奨学生用のガウンは買わなかった。一般学生用のガウンを着続けても、誰も文句は言わないだろうとふんだにすぎない。それに三〇ポンドを費やすなら、新しいガウンよりも本を手に入れたかった。それに、ハイ・テーブル・ディナーを楽しんだとは言えなかった――まして や、その機に乗じて先輩の学者たちを魅了し、将来自分たちの仲間入りをする資質を備えているようだと思い込ませるなんて無理だった。

ぼくは完全に場違いだった。ふだんの学問の場であれば、チューター陣とじゅうぶんまくやりとりができたけれど、〝社交〟となると？　しかもフォーマルな場で！　何を言えばいいのか見当もつかなかった。ありのままの（エセックスなまりでビールやサッカーを語る）自分は出せないとはわかっていた。その場にふさわしい話題や社交上のたしなみを備えた、人をうならせるようなもうひとりの自分を作り上げてはいなかった。私立学校出身の友人がその状況に楽々と対応しているようすに、ほとんど怒りとも言えるほどの羨望の念をいだいた記憶がある。

ぼくがここで強調したいのは、オックスフォードの学位がみな同じというわけではなく、どのオックスフォード生も同じレベルではないということだ。大学側は、学生を格付けするだけでなく、最も成功を収めた者に名誉を与えて、学問の世界の内側を垣間見せるようなシステムを後押しした。従兄のジャスパーのアドバイスが記憶に焼き付いているのは、意表を突く発想だったからだ。〝最大級の努力をせよ〟ではなく、〝最上級の成績を取れないなら頓着するな〟。ぼくらはこの発想が気に入り、おもしろい話題だったから議論したけれど、結局のところこれは、架空の脇役の台詞と、ある古くからの大学組織全体との競合であり、ぼくらの生活の大きな部分を占めていたのは、大学を代表する生身の人間たちだった。つまり、競合の余地などなかった。

Chapter 9 勉学の〝助け〟にもなる課外活動

物思う人なら、人生における後悔のひとつやふたつはかかえているはずだ。ぼくの後悔の種は、大学時代にある。学問以外のもので自分を伸ばして視野を広げるための、絶好の機会を逃してしまったのだ。

オックスフォードには、活気のあるすばらしいクラブや交友会がたくさんあったのに、ぼくはほとんど参加しなかった。あらゆる活動に深く関わるのは賢いことではなかっただろうが（可能でもなかっただろうが）、もう一度あのころに戻れたら、三つか四つを選んで仲間に加わり、場合によっては在学中に参加する対象を変えたり、学業のたいへんさに応じて参加の度合いを変えたりするかもしれない。

オックスフォードの優れた課外活動団体のなかでも、最高の地位にあるのが〈オックスフォード・ユニオン・ソサエティ〉だ。これは一八二三年創設のディベート・クラブで、

〈ユニオン・ソサエティ〉の討論会場。偉大な政治家が誕生する場所

政治家の卵のひしめく、力試しの場だ。学生たちは討論で発言し、名を上げて、クラブの選挙に出馬する。〝オックスフォード・ユニオン会長〟は、履歴書に書き込む肩書きとしては最も名誉あるものに挙げられる。歴代の会長のうち四人は、のちにイギリスの首相になり（グラッドストン、アスキス、マクミラン、ヒース）、ほかにもたくさんの元会長が内閣入りしたり、高い地位についたりしている。

おもしろいのは、おもな〝ブレギジター〟（EU離脱派）三人が、ぼくが在学していたころのユニオンの幹部だったこと。ボリス・ジョンソン（今は外務大臣だが、〝ブレグジット〟投票後は首相も同然の立場）、そしてマイケル・ゴーヴは会長を務めた（ゴーヴの〝裏切り行為〟のせいで、ジョンソンは首相になりそこねた）。ジェイコブ・リース＝モグ下院議員は、ユニオンの図書室の司書という要職にあった。あのオックスフォードでも、リース＝モグがみんなから滑稽なほどお上品と思われていたことを覚えている。ウィリアム・ヘイグも会長を務め、保守党党首としてEU懐疑主義の急先鋒だったが、最終的にはブレグジットに反対した。

ぼくはユニオンに深入りしなかったことや、選挙に出馬しなかったことを悔いているわけではない。政治的なキャリアを積むことには興味がなかった。けれど、討論会にもっと出席すればよかったと後悔しきりだ（大学の三年間で足を運んだのは二、三度だと思う）。

ゲスト・スピーカーはたいがい諸分野の世界的な有名人か、そこまではなくとも重要人物だった。ぼくの記憶にあるのは、例えばダライ・ラマがユニオンにやってきたのに、自分が出席しなかったこと。ぼくはクラブ員だったし、徒歩一〇分の場所で世界的な偉人にして宗教指導者が話をしていたというのに、行かなかったのだ。

ユニオンの討論会はときに愉快で、ときに有益で、ときに論争の的になるものだった。ぼくが入学を果たす前の話だが、ユニオンがアイルランドのシン・フェイン党党首のジェリー・アダムズをスピーカーとして招いた件が、スキャンダルまがいの扱いをされたことがあった（全国ニュースで報じられた）。オックスフォード大学がテロリストの擁護者に〝演壇を提供する〟などもってのほかとされたのだ（一九八七年当時は、アイルランドの共和主義指導者を対象に報道規制が行われていた――国による間接的な検閲制度だ）。もちろん、アダムズはその後一〇年のうちにＩＲＡを停戦に導き、イギリス政府との交渉の任にあたったのだが。

ぼくはユニオンで、ある程度の時間を過ごした……ほとんどはユニオンのバーで。ほかのカレッジの友人に会おうとするなら、街なかのユニオンのバーは待ち合わせ場所として便利だった。カレッジというシステムゆえに、学生の社交の場となる一般的な〝中心地〟がないという点で、オックスフォードは大学のなかでも特異な存在だ。ユニオンのバーがその役割を果たしていたのは、学生の大半がユニオンの一員だったからだ（加入は自動的なものでも、義務的なものでもなかったが、ほとんどの学生が入会費を払った）。けれど、加入の目的は社交ではなかった。討論会と豪華なスピーカー陣が目当てだった。

さらなる後悔の種は、ジャーナリズムに足を踏み入れなかったことだ。大学には主要な刊行物がふたつあった。《アイシス》誌と《チャーウェル》紙だ。編集担当になるとかなりの時間をとられただろうが、たまに記事を書く記者も常時募集されていた。条件は、自発的に書くことだけ。記事を書いた経験がなければ、小さな記事から始めさせてくれた。才能があれば、もっと書くように勧められる。ぼくもやっていれば、のちのキャリアで少しは有利なスタートを切れただろうに（現実には、卒業の五年後に東京の雑誌で初めて記事を書くことになった）。ぼくが在学中に《アイシス》誌の編集長を務めたリチャード・ロイド・パリーは、今では《ザ・タイムズ》紙アジア編集長・東京支局長だ。

ほかにも多数のクラブがあった。ある友人が〈ギリシア交友会〉に所属していたのに（しかも、自分も古代ギリシアに魅せられていたのに）、ぼくは一度もイベントに出席しなかった。〈日本交友会〉もあって、自分も日本に興味があったのに、イベントに出たのはたったの一度だけ。ユニオンの敷地内で開催された〝祭り〟だけだった（そこで初めて〝オニギリ〟を食べた）。魅力を感じたのに、そこから深入りはしなかった。演劇、映画、音楽の交友会もあった。ぼくは舞台にも上映会にも演奏会にも行かず、ましてや自分が演じたり弾いたりすることもなかった。

いちおうふれておくべきだろうが、コメディアンやエンターテイナーを生み出すことにかけては、ケンブリッジがオックスフォードよりもわずかに有名だ。ケンブリッジの名高い演劇クラブ〈フットライツ〉は、ダグラス・アダムズ（『銀河ヒッチハイク・ガイド』の作者）、モンティ・パイソンの三人（ジョン・クリーズ、エリック・アイドル、グレアム・チャップマン）、リチャード・アイオアディ（『ハイっ、こちらＩＴ課！』）ほか、イギリスのエンターテインメント界の数多の大物を生んでいる（ヒュー・ローリー、スティーヴン・フライ、クライヴ・ジェームズ、グリフ・リース・ジョーンズ、デイヴィッド・ミッチェルなど）。とはいえオックスフォードは、ここに挙げた元ケンブリッジ生が束になってもかなわないほど世界的に有名な、現代の奇才を生み出している。知性と教養あふれる天才肌のコメディアン、Ｍｒ・ビーン（ローワン・アトキンソン）だ。

スポーツのクラブもたくさんあった。いちばん真剣な活動をしていたボート・クラブとラグビー・クラブが、毎年注目の的の、対ケンブリッジの〝大学対抗戦〟に出場した。このふたつは真剣なスポーツマンの領分だった。対ケンブリッジ戦でオックスフォードの代表を務めるということは、〝ブルー〟のユニフォームを着るということであり（ケンブリッジの代表も同じだ）、生涯にわたる類いまれな栄誉だ。真剣度のいくぶん低い、ほかの数多のスポーツなら〝ブルー〟を勝ち取れるという話は、あまり知られていない。

中等学校時代のぼくは、陸上競技が得意だった――特に一一〇メートルハードル――けれど、一六歳のときに勉強に集中するためにスポーツをやめた。もし大学で再開していたら、オックスフォードの陸上チームは正直言ってあまりレベルが高くはなかったので、〝ブルー〟を手に入れる可能性はじゅうぶんあっただろう。

とはいえ、オックスフォードは陸上競技の伝説的な存在だ。一九五四年に、当時大学院生だったロジャー・バニスターが初めて一マイル四分を切ったのは、イフリー・ロードのオックスフォード大学のトラックだった。これが日本ではあまり有名でないのは、一マイル競走が古くからの〝帝国単位〟（ヤード・ポンド法）による競技距離で、オリンピックの競技種目ではないからだ。しかしイギリスでは、バニスターの記録は歴史的な偉業だ。世間は四分切りなど不可能だと思い込んでいた。一マイル四分は人間の能力では超えられないある種の壁だ、と。ぼくの父の世代の人たちは、人類の月面歩行と同格のニュースとして記憶している。

第一級、〝ブルー〟、または配偶者とともにオックスフォードを出でよ、と言い習わされている。ぼくには第一級およびブルーとともに卒業する可能性もあったけれど、ブルーは目指さなかった（配偶者を見つける見込みはなかっただろう。異性関係はまるっきりだめだった）。

各カレッジにも独自のチームがあって、さまざまなレベルのカレッジ対抗戦が行われていた。なかでもボート競技の〝エイツ・ウィーク〟は、魅力的なスポーツイベントとしてはもちろん、活気に満ちた四日間の社交行事として最も有名だ。アイシス川は川幅が狭すぎて、ボートが横並びで競争できないので、縦に数フィート離れてスタートし、前方のボートに追いつこうとするか（というより〝衝突《バンプ》〟しようとするか）、少なくとも後方から衝突されないようにする。ぶつかりぶつかられたボートは、翌日のレースで位置を交代する。目標は列の先頭に陣取って、〝ヘッド・オブ・ザ・リバー〟と呼ばれる地位を保つこと。四日間、毎日〝衝突〟に成功すると、特別な手柄になる。オリオルとクライスト・チャーチが、この約二〇〇年続くレースをずっと牛耳っている。

オリオルの第一ボートに乗り込むには、ひときわ優れた漕手《そうしゅ》でなくてはならないだろうが、たいがいのカレッジは三、四艇で出走するので、だいたいは希望すれば漕手になれる。ぼくのカレッジには、エイツでオックスフォード伝統の漕艇競技を体験したいけれど、早朝トレーニングはお断りという学生向けの、〝ゆるチーム用〟のボートがあった（はるか後方からのスタートに甘んじなくてはならないだろうけれど）。

　ほかのスポーツも同じ状況だった。ぼくのカレッジにはサッカーのチームが三つあって、三番めのチームはかなり気楽なものだった。トレーニングに毎回出なくてもよく、試合に姿を見せれば、たいがい三〇分は出場できた。ぼくは二軍でプレーしたけれど、それも三年めだけだった（スポーツは二年めまで、という慣例に逆行していた）。ぼくはサッカーのせいで勉強時間が減ったことに、罪悪感を覚えていたのだろう。なぜならぼくの記憶では、カレッジの〝フットボール・ディナー〟に――仲間にとっては一年の目玉行事のひとつに出席しなかったからだ。チームメイトはぼくにサプライズの賞を（〝最優秀新人賞〟を）用意していたのに、ぼくがいなかったものだからがっかりした。

　こんなふうに、オックスフォードには勉強以外にもやることが山ほどあった。ただの楽しみのため、健康のため、世界観を広げるためのものでもあったけれど、もし特定のキャリアを思い描いているなら、勉強よりもたいせつなものにもなりえた。

　ぼくがこんなに勉強以外の活動をほめたたえるくせに、自分はちゃんと利用しなかったじゃないかと、ふしぎに思われるかもしれない。「後悔先に立たず」と言ってみたり、勉学に集中していたという事実を言いわけにしたりもできる。だが率直に言うと、ぼくの性格によるところが大きい。何かに深く関わるのをためらったのは、ぼくが引っ込み思案で、自分の能力に自信がなく、深入りすることに不安を覚えたからだ。万が一自分にこなせなかったらと、何かを始めるのが怖かった。ときには何かを試みなくてはならないし、試みて失敗しても恥じることはないと、ずいぶんあとになってようやく学んだ。月並みな言いかただが、人はやったことではなく、やらなかったことを後悔するものだ。

自分を弁護するなら、〝知らなかった〟からだとも言える。オックスフォードでふたつ以上のものをこなせるということを、ある意味では〝知らなかった〟からだとも言える。オックスフォードの公立学校生を入学させる努力は称賛するけれど、ぼく自身に限って言うと、実際に入学してからもう少し指導があってもよかったのにと思う。ぼくの家族の誰も、大学に進学したことがなかった。オックスフォードの学位の取得と並行して、例えばスポーツで競ったり記事を書いたりすることが可能だなんて――そしてそれがふつうだなんて――ぼくは知らなかったのだ。実際、ぼくは三年めにしてようやく、週に二回のサッカーがストレスの軽減に絶大な効果があって、勉強の〝助け〟にもなると知った。

至るところであれこれ活動している学生を見ると、たいがいは自信に満ちあふれた私立学校出身者だった。ぼくは格上の世界の人たちだと思ったり、無謀な忙しい日々のせいで試験の成績が落ちるだろうと思ったりした。愚かな話に聞こえるかもしれないけれど、〝並み〟の出自のぼくや友人たちは、オックスフォードで身分が〝ばれる〟ことを恐れていた。ぼくらは誤って合格になっていて、その誤りがぼくらを排除することで正されるかもしれない、と。ぼくはオックスフォードに合格したとき、「たぶん近いうちに追い出されるよ」という台詞で、家族の期待をぺしゃんこにしようとした（この台詞が、ぼくのかわいそうなおばあちゃんを死ぬほど心配させたことに、しばらく経ってから気づいた）。

ぼくは勉強に全力投球するという前提で学生生活を始め、ほかの活動はまったく頭になかった。私立校出の学生は、オックスフォードに籍を得たのだから、興味のわくものに参加することで学生生活を十二分に楽しもうと考えた。

ふり返ってみると、ぼくは自分で思うほど賢くはなかった。

ぼくのオックスフォード時代 1989–1992

ぼくらが座って、遊んで、しゃべったカレッジの緑地。しかし、手前にある木の枝に逆さまにぶら下がってはいけない

1992年、ぼくの部屋から撮ったセント・アンズ

誇らしい瞬間。近くに女子学生もいる

入学式に向かっている新入生。まるでペンギンの行列のよう

ラテン語による入学式は数分で終わった。正式にオックスフォード生になった！

自分の部屋でまで角帽かぶらなくてもいいんだけどね

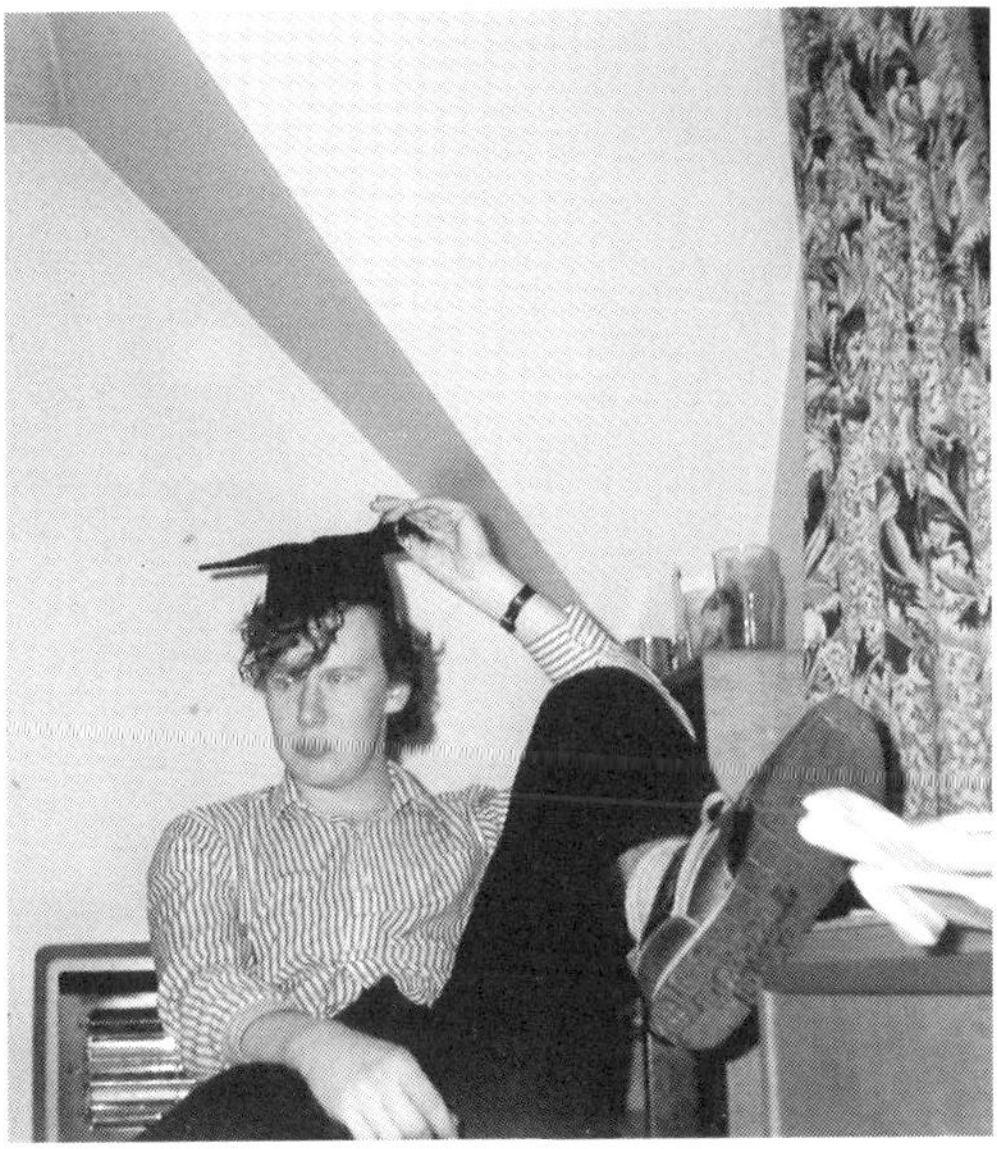

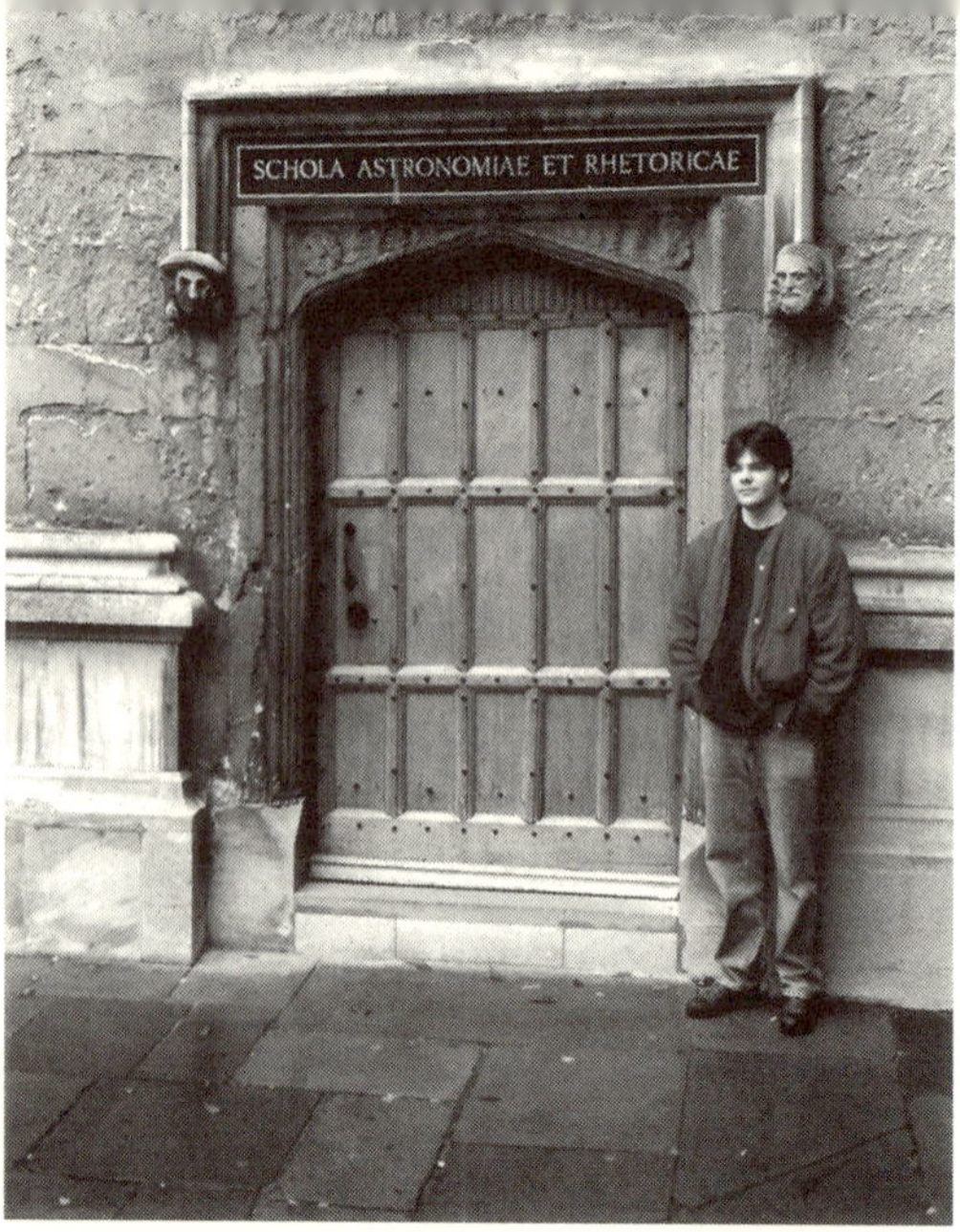

オックスフォード大学の図書館入り口。ラテン語がわからない人は学内で迷うことさえある

ぼくのチューターのひとり。あの優れた頭脳で何を考えているんだろう

上：街から5分も歩けば、そこには美しい景色が広がっている

下：パント（平底舟）は操るより、操ってもらうほうがリラックスできるし、ご機嫌

上：卒業試験が終わって、開放感あふれる瞬間

下：とうとう卒業した。両親に感謝

III

オックスブリッジは特権階級?

Chapter 10 〝ザ〟・ボート・レースの謎

テムズ川で毎年行われるオックスフォード大学対ケンブリッジ大学の〝ザ・ボート・レース〟は、風変わりな恒例行事だ。どこが魅力なのかは〝説明がつかない〟と言われたりするが、ひとたび中身を探れば、いとも簡単に明らかになる類いの謎なのだ。

〝説明がつかない〟というレッテルの根拠は、国民的なスポーツ行事であるにもかかわらず、理屈からすると、イギリスの大多数の人が興味をいだくはずがないものだからだ。どちらかの大学に通うイギリス人は、ごくごくわずか。オックスフォードもケンブリッジも、とりたてて大きな大学ではない。学生数で言うと、オックスフォードはイギリスで二二位、ケンブリッジは四五位だ。

だから両チームを応援する卒業生も大した数ではなく、どちらかの大学に通った誰かを知る人は限られている。にもかかわらず、ケンブリッジ大学を一度も訪れたこともないのに長年のケンブリッジファンで、レースをかならず観戦していたという、誰かのおじさんの話を耳にしたりするだろう。

少なくともオックスフォードの住民はオックスフォード大学を応援するだろう、とお思いかもしれない。じつは〝住人対大学人〟の緊張関係が昔から存在するので、街の人たちがオックスフォード大学に声援を送るとは考えにくい。ケンブリッジも同じだ。

さらに言うと、オックスフォードもケンブリッジも〝エリート校〟であり、今も多くの人が、少数の特権階級のための学校と考えている。上の階級への妬みは、イギリス社会に厳として存在する。二〇一二年には、ある活動家が〝エリート主義〟への抗議行動としてレースを妨害しようと、泳いでコースに侵入した（レースを台なしにすることには成功したが、イギリス社会の変革は果たせなかった）。

世間は両校をオックスフォードとケンブリッジというより、〝オックスブリッジ〟と見なしている。これを裏づけているようにも見えるのが、両チームともユニフォームがブルーであること。オックスフォードはダーク・ブルー、ケンブリッジはライト・ブルー。上流中の上流の大学の代表チームが、自分たちしか参加できない大会で競うところを見せられるという観点から、かっかする人もいる。

確かに一理ある。この行事の排他的なこととといったらかなり奇妙なほどで、ファンでさえ、「変だな、毎年同じ二チームが決勝に進出だなんて」とジョークを口にする。オックスフォード大学ボート・クラブも、ケンブリッジ大学ボート・クラブも、イギリスで最も優秀な漕艇部ではないし、ザ・ボート・レースもボート競技界の主要大会ではない。こんな話は、イギリスの熱烈なボート競技ファンに対しては口にするのもはばかられる。ファンにしてみれば、国内の大会としてはヘンリー・レガッタのほうがはるかに重要だ。もちろん、最高峰はオリンピック。

それどころかオックスフォードもケンブリッジも、国内で最も優秀な大学漕艇部とも言えない。両校とも全英大学漕艇選手権大会に出場経験がなく、同大会でこのところ好成績を収めているのはダラム大学、ロンドン大学、ニューカッスル大学だ。もうひとつの〝オックスフォードの大学〟である、オックスフォード・ブルックス大学も強豪なので、オックスフォード大学は〝オックスフォードきっての〟大学漕艇部ですらないとも論じられるわけだ。オックスフォードとケンブリッジの両校でボート競技といえば〝エイト〟、すなわち漕手八名と舵手《だしゅ》（コックス）一名で行う種目だが、ほかの種目（シングルスカル〈漕手一名がオール二本で漕ぐ〉、舵手なしペア〈二名がオール各一本で漕ぐ〉など）を取り入れているクラブが一般的だ。

この〝イギリス的な恒例行事〟はもはやイギリス的とは言いがたいと、批判する向きもある。海外出身の漕手が多数いるのがふつうだからだ（イギリスの大半の大学が、多数の留学生を受け入れ始めるよりも前からの話だ）。二〇一七年の両チーム一六名の漕手の内訳は、イギリス人七名、アメリカ人六名、カナダ人、オランダ人、オーストラリア人（英豪の二重国籍）が各一名だった。このことから、外国人選手が両校のチームで漕ぐだけのために〝スカウト〟され、裏口入学をしているという思い込みが生じている。ひどい言いがかりだが、広く信じられている。世界じゅうから一線級の漕手が両校に来ているのは確かだが、みなほんものの学生だ。その多くがオリンピックのボート競技に出るまでになるが、だからといって、ザ・ボート・レースで漕ぐだけのために両校に〝籍を用意された〟スポーツ選手というわけではない。

さらにつけ加えると、ボート競技はイギリスで大人気のスポーツではなく、サッカーやラグビーはおろか、自転車競技にも遠く及ばない。知力は二の次の筋力勝負というのが世間のボート競技の評判であり、そういう見かたは「奮闘する八名の思いはひとつ……思う頭があればの話だが」という有名なジョークに凝縮されている。

にもかかわらず、イギリスの誰もがザ・ボート・レースのことを知っていて、〝ザ〟・ボート・レースという言葉は、オックスフォード大学対ケンブリッジ大学のレースのみを指す。BBCの生中継を何百万人が観戦し、世界でも絶大な人気を誇る観戦スポーツに挙げられる。二〇一七年は推定二五万人がテムズ河岸に陣取って観戦した。外出日和のその日、男子エイトとともに、歴史はやや浅い女子エイト、男女のリザーブ・レース（控え選手によるレース）も行われた。

ぼくがときどき〝観戦場所〟にしているハマースミスは、河岸にすてきな公園があるだけでなく、都合よく川がカーブする場所でもあって、何分間もボートを視界におさめられる。残念ながら、そういう利点に気づいた人はぼく以外にも多く、河岸があまりにも混雑するので、かなり早く行かないとたどり着けない。だから、今では大会スポンサーが設置した巨大スクリーンに試合のようすが映し出され、ぼくは一〇〇メートルほど向こうを通過中のボートも拝めないまま、スクリーンで観戦する。

とまあ、これまでのところは〝説明がつかない〟わけだが。

しかし、べつの見かたをすれば、ザ・ボート・レースのおもしろさは数多あり、圧倒的だ。まず、まぎれもなく歴史を誇るレースだ。初めてオックスフォード対ケンブリッジのボート・レースがテムズ川で開催されたのは一八二九年、以来、計一六三レースが行われている。現在のコースが設定されたのは一八四五年、一八五六年以降は第一次、第二次大戦中を除き、年に一度開催されている。

〝歴史のしみこんだ〟サッカーのＦＡカップよりも四〇年余り古く、〝決勝戦〟は一八回も多い。それほど長きにわたって、みごとなまでの互角の戦いとなっている。これを書いている時点で、すなわちオックスフォードがケンブリッジを破った二〇一七年のレースの翌日の時点で、ケンブリッジが八二勝、オックスフォードが八〇勝（一八七七年は同着）。一九三〇年以降、対戦成績ではケンブリッジがオックスフォードを上回り、第一次と第二次大戦のあいだの二〇試合で一七勝をあげて差を広げた。しかし、オックスフォードも数十年をかけてじりじりと巻き返し、一九七六年から一九九二年には一七試合中一六試合に勝って、長期にわたり優勢を保った。

加えて、いっぷう変わったコース設定だ。感潮河川のテムズ川は波が立ち、流れも予測がつかないので、最高の条件のもとでも難度が高い。天候が悪いと悲惨な状態に陥り——加えてイギリスの天気のつねとして、状況が目まぐるしく変わる。ケンブリッジは一九七八年に沈没を経験した（レース史上、五回めの沈没）。現代のボートはポンプで排水できるが、二〇一六年にはすさまじい悪条件のなか、ケンブリッジ女子チームのボートの浸水があまりに激しかったため、選手が懸命に漕いでもほとんど前進させられなかった。

距離も異様に長く、六・七八キロメートル。オリンピックのボート競技なら、穏やかな水上で二キロメートルというのが一般的だ。リオ・デ・ジャネイロ・オリンピックでは、ボート競技の二日めの競技が、波が荒かったため延期になった。ザ・ボート・レースでは、延期はない。悪条件のもとでも決行され、そのせいもあって、沈没や、危うく沈没という事態が多発する。

このように、ザ・ボート・レースは信じがたいほど苛酷で、驚異的な体力と持久力が求められる。二〇一七年のレースでは、勝利したオックスフォードの選手たちから中継カメラをそらすのが遅れたせいで、視聴者は選手二名が疲労から嘔吐する姿を見せられるはめになった。

だが、ザ・ボート・レースは、けっしてただの力わざではない。戦術、体力、技術が絶妙に融合している。肝心なのはコックスの力量だ。テムズ川は水面下にもさまざまな流れがあり、コックスは艇の前進を促すために、最速の流れへ進路をとる。最速の水域を見つけられない艇は苦戦を強いられる。それゆえ川幅がいかに広くとも、二艇はほぼずっと互いのすぐ近くにいて、ときにはオールがぶつかり合ったりもする。どちらもベストな位置取りをしようと戦っているのだ。

これが思いがけない展開を生むこともある。二〇一二年には両艇の接触によって、オックスフォードの選手一名のオールが折れてしまった。そのため、残る七名の漕手は、ケンブリッジの艇がみるみるうちに遠ざかる一方で、体重一〇〇キロの乗客一名を乗せた状態でレースを終えなくてはならなかった。二〇一六年の女子のレースでは、オックスフォードのコックスが、川の中央の流れから遠く離れたところへ進むという、ありえないことも思える指示をした。これがじつは天才的な采配だった。オックスフォードが穏やかな水域で難所をかわす一方で、ケンブリッジの艇は川の中央の逆巻く波のせいで、激しい浸水に見舞われた。

コースが直線ではないことも、オリンピックのボート競技との大きな違いだ。ほぼS字型のコースで、短いカーブが一カ所、続いて長いカーブが一カ所、フィニッシュ手前に短いカーブが一カ所。並んでスタートを切る両艇のうち、北側の艇は最初のカーブで〝内側〟に位置するので、やや有利になる。それを利用して一艇身を超える差をつけられれば、相手の〝レーン〟に入り込んで、次の長いカーブでも航行距離を短縮できる(これはめったに起きないが、もし成功すれば、相手の艇は最良の進路を譲ったうえで追い越さなくてはならないので、ノックアウトされたも同然になる)。

艇のペース配分も、コックスの仕事だ。コックスは艇でただひとり進行方向を見ており、相手に先行された場合はその艇が見える。フィニッシュまで持ちこたえるためだけでなく、一定の区間でさらなるがんばりを求めるために、ペースを指示しなくてはならない。相手に一艇身の差をつけられないように、あるいは自艇が一艇身の差をつけられるように。あるいは相手に水をあけられないようにするために、あるいはフィニッシュラインまでに相手の息の根を止めるために。漕手の体力を回復させるための、ストローク数を減らす時間も必須だ。戦術の勝負であって、ただの一八分間の猪突猛進ではない。

ボート競技にはテクニックも不可欠だが、漕手はめったにミスをしないので、ふつうの観客には巧拙の見分けはほとんどつかないだろう。ミスをしたら、かならずそうとわかる。二〇一七年の女子のレースでは、スタートから五秒でオックスフォードの敗北が決定的になった。最初のストロークがうまくいかず、ボートが傾いて、漕手一名のオールが水中に〝スタック〟した。コックスは漕手に停止とスタートのやり直しを命じなくてはならなかった。そのころには、みごとケンブリッジはとても追いつけないところまで進んでいた。

エリート主義への不満の声にかき消されていること、それはザ・ボート・レースがアマチュア競技であることだ。選手は報酬を一切もらっていない。プレミアリーグのサッカー選手が週給一三万ポンドを薄給と感じるような時代にあって、けなげな話だ。選手は相手チームに敬意をもって接する。二〇一二年のレースでは、オックスフォードの選手のひとりがフィニッシュ直後に疲労から卒倒したため、勝利したケンブリッジのクルーは、恒例の祝勝の大騒ぎを控えた。また、スーパースターを気取ったりもしない。シャツをはぎ取って観衆に驚異の肉体美を披露したりもせず、誰もがチームプレーだと強調する（つまり〝オレが、オレが！〟の世界ではない）。

現代のプロスポーツ選手は、金銭的な待遇の向上や、栄光への近道を求めて移籍することで悪名が高く、忠義なファンからひんしゅくを買っている。だが、ザ・ボート・レース史上、相手チームに移ったのはたった三人。二〇一七年は、(学部生時代に)ケンブリッジチームにいた男子選手が、(院生として)オックスフォード代表で出場した。元チームメイトたちは、あまり寛容な態度ではなかった。非情に思えるかもしれないが、オックスフォードの選手なのか、ケンブリッジの選手なのか、都合しだいで変えてよいものではないと見なされていることがよくわかる。

オックスフォードは――そして、そこに人材を送り込むイギリスのパブリック・スクールは――団体スポーツの草創期に関わっていた。現代人が親しんでいる多数のスポーツのルールが定められたのは、ヴィクトリア朝期のイギリスであり、サッカーもそのひとつだ。オックスフォード大学がFAカップ決勝に四度出場し、一八七四年には**優勝を果たした**という事実は忘れられがちだ(一方ケンブリッジ大学は優勝経験もなければ、決勝進出さえ一度もない)。ザ・ボート・レースは、そういう団体スポーツ草創期の名残りを、そしてアマチュア精神を今にとどめている。

しかし、この〝アマチュアリズム〟を〝しろうと芸〟と混同すべきではない。レースに向けてのトレーニングはきびしいことで有名で、夜明け前の練習が冬じゅう続く(その間、学業もおろそかにしない）。名声のために、能力の限界を押し広げるために、チームメイト、クラブ、大学のために努力する。狂気の沙汰かもしれないが、どこか清らかなものを感じる。

ある意味では、スポーツ選手としては特異な打ち込みかただ。ザ・ボート・レースは特殊なレースなので、その準備をしていると、同じシーズンのほかの大会に出る体ではなくなる。春の特定の一日に、うねりのある川で約七キロメートルを漕ぐためのトレーニングは、夏に凪《な》いだ水上を二キロメートル漕ぐのに適した準備ではないのだ。だからこそ、オックスフォードとケンブリッジのチームが、他大学または国際レベルのボート競技のチームに肩を並べる存在かどうかの判断はむずかしい。両チームがザ・ボート・レースにおいてベストであることはほぼまちがいないが、ほかのチームが戦っているレースではそこまで優秀ではない。

ぼくにとってザ・ボート・レースは、スポーツの核心にある残酷な要素を、まれなる鮮明さをもって浮かび上がらせる競技だ。漕手はたったひとつの目標、すなわち〝打倒ケンブリッジ／オックスフォード〟を胸に、一年じゅうトレーニングを重ねる。勝つか負けるか、一位か最下位かしかない。その中間はなく、一着に喜びはなく、失敗しても捲土重来を期すべき場はない。レースが終わると、片方の艇は言葉では言い表せないほどの歓喜に包まれ、もう片方の艇は失意のどん底に突き落とされる。

もちろん、二五万人もの人々が観戦にやってくるのには、もっと単純な理由がある。春の週末にロンドンのまんなかで開催される、無料のイベントだからだ。

Chapter 11 オックスフォードかケンブリッジか

〝オックスブリッジ〟という言いかたが存在するのには、わけがある。イギリスにはるか昔からある両大学は、しくみや名声という点でとても似通っているので――そしてイギリスのほかの大学とはかなり異なっているので――世間の頭のなかでは単一の概念と化している。

そのうえ、権力の中枢にいる相当な数の者が、いずれかの大学の出身だ。例えばこれを書いている時点で、内閣にオックスフォード出が七人（昔からの要職である首相、大法官、外務大臣を含む）、ケンブリッジ出が六人。他大学の出身者は一四人だ（うちエクセター大学が三人）。

優秀な学生なら知っているはずだが（オックスブリッジへの出願を考える者なら知っているべきだが）、〝unique〟（唯一の存在）という名詞を修飾することはできない。つまり

〝唯一無二〟か、そうでないかしかない。何かを〝fairly unique〟（かなり唯一の存在）とか〝totally unique〟（完全に唯一の存在）などと表現するのは、とんでもない誤りだ。だが、ぼくが〝Oxford and Cambridge universities are unique〟（オックスフォード大学とケンブリッジ大学は唯一の存在）という表現はありだと言いたいのは、この二校が〝オックスブリッジ〟だから、つまり一枚のコインの裏表だからだ。

両校を何もかも同じと考えるのは、一卵性双生児を何もかも同じと見なすようなもので、間違っている。両者は似通っているからこそ、差異が見えやすくなるのだ。例えば、ジョンはふたごの弟のロジャーよりも若干背が高く、左の頰に小さなほくろがある、というように。オックスフォードはケンブリッジよりも少しだけ「こう」だし、ケンブリッジはオックスフォードよりも少しだけ「ああ」なのだ。

そしてふたごと同じく、両大学はきょうだいならではの激しい競争関係にある。オックスフォード生の有名なディベート組織〈オックスフォード・ユニオン・ソサエティ〉の規則では、誰かの発言中のブーイングが禁じられている。ただし、話題がケンブリッジ大学（ブーー！）か、ケンブリッジ大学のディベート組織〈ケンブリッジ・ユニオン・ソサエティ〉（ブーーーー！）である場合は別だ。身振りでブーイングはしても、本気で野次っているわけではないのだけれど。

『ブラックアダー』という昔のコメディ番組の、有名なジョークがある。主役の下級兵、ブラックアダーが捕らえた外国人のスパイが英国人を装おうとして、「一流大学とはオックスフォード……ケンブリッジ……ハル……」と挙げる。ブラックアダーがスパイを上官の前に引っ立て、一流大学二校を挙げそこなったてんまつを報告する。「いかにも」と、上官が答える。「オックスフォードはクズ中のクズだからな！」イギリスの視聴者には、説明不要のジョークだ。上官はケンブリッジ出にちがいない。

時にオックスフォードとケンブリッジは、互いとの差別化を図ること自体が目的と化しているようにも見える。なんと、平底舟の漕ぎかたまで違うのだ。オックスフォード人は〝ボックス〟（舟尾の小さな台状の部分）に立って舟を進ませるが、ケンブリッジ人は舟首に立つ。そうして互いを「舟の前とうしろもわかっちゃいないな」と言って嘲《あざけ》る。

イギリスの特殊な大学出願制度のせいで、オックスフォードとケンブリッジの両校を併願することはできず、どちらかを選ばなくてはならない。たとえ併願できたとしても、一校を第一志望、もう一校を第二志望にせざるをえないので、意味がない――第二志望の大学は、そんなことをする受験生をとろうとは思わないだろう。それどころか第一志望の大学も、〝あちらさん〟との併願という考えをきらうのではないだろうか。

とはいえ、これは仮定の話にすぎない。出願書類は併願ができない書式になっている。

受験生はどちらを志願するか選ばなくてはならず、併願してなりゆきに任せるというわけにはいかない。だからぼくもオックスフォードに入りもしないうちから、〝ケンブリッジ人〟ではなく〝オックスフォード人〟になっていた。

ぼくはオックスフォード人であることに、とんでもなく誇りをいだいているけれど、本音を言えば、もしケンブリッジに入学するチャンスを先に与えられていたら飛びついただろう（そして読者は、「なぜケンブリッジが世界一の大学なのか」という本を読むことになっただろう）。どちらかの大学に入った者なら、ほぼ誰もが同じ思いではなかろうか。どちらかを選びはするが、オックスブリッジはふたつでひとつの存在なのだから。

選択の理由は、人それぞれだ。親の進路に倣ってという場合もあるだろう。よくあるのが、特定のチューターのもとで学ぶ機会を求めてという理由だ。もっといい加減だったりもする。あるカレッジのオープン・キャンパスに参加して、すごく気に入ったとか。ぼくが大学に入る前に、ケンブリッジのクイーンズ・カレッジの学生生活を追ったドキュメンタリー番組が放映されると、このカレッジへの志願者が急増した。

ぼくの場合は、志望校についての迷いはなきに等しかった。第一に、ぼくが学びたかった古代・近代史を履修できるのはオックスフォードだけだったから。ケンブリッジにも近代史の専攻課程はあったけれど、ぼくの好みは（そしてどちらかというと得意だったのは）古代史だった。ケンブリッジでは、古代史は古典の授業の一環だった（つまり、ラテン語やギリシア語などの古典語と古典文学が専攻の学生向け）。自分にぴったり合うのは、オックスフォードの専攻課程のようだった。ケンブリッジの専攻課程だと、ぼくの興味の対象からややずれているだけでなく、合格の見込みが少ないか、まったくなかっただろう。加えて、当時オックスフォードには入学試験があり、ケンブリッジにはなかった。

当然ながら世間は、オックスフォードとケンブリッジでは〝どちらが上か〟を知りたいだろう。並みの観察力だと、両校に差があるという前提を却下し、両校とも優秀と指摘するところだ。ところが両校には、小さいながらも見過ごせない差異がある。

理系科目ではケンブリッジのほうがわずかにまさっていて、文系科目ではオックスフォードが少しばかり優れていることは、広く認められている。どちらの大学にも容易な専攻課程はない。オックスフォードの物理学の学生なら平均をはるかに上回る知能を誇るだろうし、オックスフォード随一の化学の学部生なら、ケンブリッジの化学の学部生の大半よりも優秀だろう。それでも、わずかな差ではあるけれど、理系ではケンブリッジのほうが、文系ではオックスフォードのほうが評判が高い。

一般論をもうひとつ挙げると、オックスフォードが首相やビジネス分野のリーダーなどの〝大人物《だいじんぶつ》〟を生むのに対し、ケンブリッジは詩人、哲学者などの優れた〝独創の人〟を生んでいるとされる。例えばイギリスの首相の数で言うと、二七対一三でオックスフォードがケンブリッジを上回る。オックスフォードは相当な数の外国の指導者も生み出している。パキスタンのベーナズィール・ブットー元首相（そして父親で同じく首相だったズルフィカール・アリー・ブットー）、インドのインディラ・ガンディー元首相、ミャンマーのアウンサンスーチー、アメリカのビル・クリントン元大統領が有名どころだ。ほかにもオーストラリア連邦の首相が五人（現首相のマルコム・ターンブルを含む）、スリランカの首相がひとり、タイの首相が三人、ペルーの現職の大統領（ペドロ・パブロ・クチンスキ）もそうだ。

対してケンブリッジは、ノーベル賞受賞者の数でオックスフォードを大幅に上回っている（どちらかの大学で学んだ者だけを数えても、教鞭をとった学者を含めてもだ）。これを〝目からうろこ〟な事実と受けとめる人もいる。ケンブリッジのほうが学究的だ！　だがノーベル賞の授賞分野は理系に著しく偏っていて、すべての学問分野が等しく扱われているわけではない。ノーベル文学賞の受賞者はオックスフォードのほうが（若干）多いが、物理学賞の受賞者の数ではケンブリッジの足元にも及ばない。もし〝ノーベル古代史学賞〟というものがあれば、両校の受賞者数の差はもっと縮まるはずだが。

この話にふれるのはフェアではないのだが、ケンブリッジはオックスフォードよりも裏切り者を多数生みだしていると非難されたりもする。イギリスで最も有名な現代の裏切り者は、〝ケンブリッジ・ファイヴ〟として知られている。〝第五の男〟の身元に関しての確証はないが、この男もほかの四人と同じく、一九三〇年代にソ連の諜報機関にスカウトされた元ケンブリッジ人とされている。五人はイギリス政府の中枢で働くあいだずっと、機密情報を共産主義ロシアに流していた。信じがたい話だが、五人のうちのひとりであるキム・フィルビーは、イギリスの情報機関（ＭＩ６）で防諜の任にあたり、のちにワシントンＤＣでイギリスの情報部の長を務めた。国内最高のパブリック・スクール出身の特権階級の男たちが、こんなふうに国を裏切ったというのは、体制側の汚点だった。体制側は、裏切り行為の阻止にも発見にも失敗した。それどころか五人を昇進させたり、褒賞を与えたりした挙げ句、数名がソ連に亡命すると、その事実を隠ぺいしようとした。しかしそれはケンブリッジではなく、当時のイギリスの体制側全体の恥だ。

見逃されがちな違いをもうひとつ挙げると、カレッジの数はオックスフォードのほうが多いが、ケンブリッジのカレッジのほうがやや規模が大きい傾向にある。ケンブリッジには、学部生が四五〇人を超えるカレッジが一三ある（トリニティ・カレッジの六五〇人超が最大）。オックスフォードはふたつだけだ（どちらも五〇〇人以下）。大学院生や研究生の数はオックスフォードのほうがかなり多く、在校生のなかの割合も高い。これは些末な違いに思えるかもしれないが、大学やカレッジの雰囲気に影響を与えている。

　両者の似通った点があまりにも多いので、ぼくはよく海外からの観光客に、訪れるならどちらかだと提案する。両方ともすばらしい観光地だが、イギリス滞在を仮に一週間とするなら、ロンドン、ストーンヘンジ、コッツウォルズ、そしてオックスフォードまたはケンブリッジを訪れれば、充実した時間を過ごせるだろう。それでも一日余るなら、もう一校の〝由緒ある大学〟を訪れるよりも、ブライトンなどの海辺の街に行くべきだ。

　観光客として訪れるならケンブリッジ、と言ってしまってもいい。オックスフォードよりも少しだけ大きいカレッジ内に、印象の強さで少しまさる礼拝堂、りっぱな中庭、広い庭園がある。また、オックスフォードよりもカレッジがやや密集しているので、日に多くの見どころを詰め込める。それに〝あらずもがな〟の店舗や道路にあまりじゃまされない、〝絵葉書〟的な非の打ちどころのない風景がある。特にケンブリッジの〝ザ・バックス〟。カム川を背にした七つのカレッジの裏手に、緑地が河岸まで続いている。川沿いの小道を歩けば――理想としては、カム川を小舟でゆけば――移りゆくみごとな風景を愛でながら、各カレッジをめぐることができる。

　オックスフォードを流れるテムズ川の支流、チャーウェル川は、舟遊びには最高だ。それに〝アイシス川〟（テムズ川なのだが、オックスフォードを流れるあいだはアイシス川と呼ばれる）の川沿いを歩くのもすてきだ。どちらの川からもすてきな田園風景が見られるが、オックスフォード大学の見えかたに関しては、ケンブリッジのカム川からのカレッジの眺めのようにはいかない（歴史ある大学にわざわざ足を運ぶ観光客なら、イギリスの自然のすばらしさよりも、大学そのものを見るほうに興味があるのではないだろうか）。

だから私見ではあるけれど、訪れるならケンブリッジのほうがよさそうだ。だが、住むならオックスフォードだと思う（その理由は、川をたどって市街から美しい田園地帯へ移動できるからというだけではない）。オックスフォードは大学を中心にした街という感じだが、対するケンブリッジは、周囲に街のある大学という印象だ。どちらも都市であり、オックスフォードの人口（一五万人）はケンブリッジよりも二万五〇〇〇人多いだけなので、これは〝感覚〟にすぎないと――しかも個人的な感覚かもしれないと――お断りしておくが、オックスフォードの街のほうが大きめで、もっと多様な感じがする。

オックスフォード大学のほうがケンブリッジ大学よりも歴史が古いのは、周知の事実だ。あまり知られていないのは、ケンブリッジがオックスフォードから分かれてできた大学であること。一二〇九年にケンブリッジ大学を創設したのは、学者対住民の深刻なトラブルの末にオックスフォードを出た、ある学者の一団だった（こういうあつれきは、オックスフォードの歴史にくり返し登場するテーマだ）。だからケンブリッジはオックスフォードの非嫡出子、あるいは父をしのぐ俊才とも言える。

そういうわけで、ふたつの一流大学のどちらが〝上手《うわて》〟なのかは決められない。けれど、ぼくはある考察をもって本稿を終えたい。〝ケンフォード〟ではなく〝オックスブリッジ〟と言うではないか、と。

Chapter 12 ほんとうに門戸は開かれているのか

ローラ・スペンスは、けっして有名にしてほしかったわけではなく、ここでいまだに話題にのぼることに、たぶんうんざりするだろう。だがスペンス嬢は、一八歳の女子学生だった二〇〇〇年に、（当時は財務大臣、のちの労働党党首の）ゴードン・ブラウンのおかげで、政治的な論争の的になった。

スペンス嬢は、オックスフォード大学モードリン・カレッジの（最も人気の高いカレッジのひとつで、最も競争の熾烈な）医学専攻に出願し、不合格になっていた。そしてブラウンがスペンス嬢の一件に目をつけ、労働組合会議のレセプションで〝まぎれもないスキャンダル〟と評した。その発言が大々的に報じられ、頂点に立つ大学への攻撃として（是非が）論じられた。

ブラウンからすると、スペンス嬢の不合格の原因は〝主流派による面接制度〟にあった。

つまりブラウンは、イングランド北東部出身の公立学校生であるスペンス嬢が、オックスフォード大学にふさわしい階層ではなかったせいで、不当にも落とされたと確信していた。

スペンス嬢がずば抜けた生徒だったことに疑問の余地はなく、のちにハーバード大学に合格を果たしたとあって、オックスフォード大学の判断の誤りが決定的であるように見えた。〝階級差別のない〟アメリカの大学は合格にしたのに、オックスフォードときたら、スペンス嬢のアクセントばかりを気にしたのだ！　スペンス嬢はハーバードから奨学金までたっぷりもらったので、それをひときわ優れた才能の持ち主である証拠と見なす者もいた（じつはハーバード大学では、合格者の誰でも奨学金をもらう資格がある。学業の才能ではなく、〝必要度に応じて〟与えられるのだ）。

ブラウンの発言には、オックスブリッジへの入学が――そしてオックスブリッジと密接につながっている、イギリスのエリート層への仲間入りが――〝何を知っているかではなく、誰を知っているか〟に今なお左右されるという含みがあった。要するに、オックスフォード大学はいまだにパブリック・スクールの学閥に支配されているということ。才気にあふれていようとも、よそ者は階級の壁を突破するチャンスがあまりないということだ。

それほど単純な話ではなかった。スペンス嬢は一九九九年に定員五名の専攻に出願した二二人のうちのひとりだった。問題はスペンス嬢の優秀度というよりも、二二人のなかで五指に入るほど優秀かどうかだった。オックスフォード大学とモードリン・カレッジはみずからを弁護せざるをえなかった。大学側は、受験者の生まれや育ちではなく、学業面の潜在能力を見ていると強調した。イングランド北東部出身の生徒も、ほかの地域出身の生徒と同じくらいの合格率だとも説明した（モードリン・カレッジの入試担当長も、イングランド北東部出身とわかった）。カレッジ側は、面接担当のチューターが、ほかの受験生ほどスペンス嬢の出来がよくないと感じたにすぎないと明かした。

たった一例についてあげつらうという、奇妙な行為だった。ぼくは当時、オックスフォードもぼくみたいな例を〝証拠〟として挙げればすむ話じゃないかと感じた。もっと上流の洗練された受験生を差し置いて、労働者階級出身の、変てこなアクセントの生徒をとることもいとわない証拠として（あとで思ったのだが、友人のトニー・ポッツのほうが適任だっただろう。北東部のアクセントが強すぎるせいで、何を言っているのか聞き返すことがよくあったから）。

ブラウン（非オックスフォード人）は、政治的なゲームをやっているように見えた……オックスフォードを敵役《かたきやく》にして。トニー・ブレア政権と〝新しい労働党《ニュー・レイバー》〟の時代に、ブラウンはブレア（オックスフォード人）よりもいくぶん左寄りと見なされていた。そして労働党の次期党首とも目されていた。ブラウンはスペンス嬢の件を含め、数多の小細工を弄して、自分の政治的な信条を発信したのだ。ローラ・スペンスの一件は、同志を呼び集めるための〝犬笛〟だった。つまり労働党内の、もっと急進的な変化を望む者たちなら、ブラウンが体制側の人間ではないこと、政界の再編を目指していることを理解するはずだった。（多くがオックスブリッジ出の）議会党員の仲間ではなく、労働者階級や左派の多い労働組合会議の仲間に問題を提起したのも、おそらく偶然ではないだろう。

オックスフォードが憤慨してもおかしくなかったのは、政界の大立者から運営に口出しされたという理由だけではなかった。この騒動のせいで、労働者階級の生徒の出願を奨励するための、数多の取り組みが水の泡になりかねないとも感じただろう。オックスフォード大学の募集要項のどれを見ても、「オックスフォード大学は、あらゆる環境の生徒の受験を歓迎します」という趣旨の文言が目に入る。ぼくが一九八七年に出願したとき、そういう文言をいやというほど見聞きさせられたおぼえがある。

今見てみると、インターネット上の学部入学者選抜のページには、「学業成績および本人の選択した専攻課程への意欲のみにもとづいて、最も優秀な生徒を選抜します」とあり、動画のキャプションには「世界のあらゆる地域、あらゆる環境から学生が集まります」と記されている。メインの写真は東洋人の男子、黒人の女子、ヒジャブをつけた女子だ。恵まれた環境にいるとは言えない若者へ励ましのメッセージを送るという意図が、はっきりとうかがえる。だが、少々誤解を招くかもしれない。オックスフォードの〝典型的な〟学部生を無作為に三名抽出すると、白人の男子二名、白人の女子一名になる可能性がはるかに高いだろう。

オックスフォードはぼくの学生時代からずっと、貧困層や少数民族出身の学生を増やすための支援活動を展開している。そこでひんぱんに出てくるのが「大志をいだかせる」という言い回しだ。貧困層の生徒は往々にして親、友人、さらには教師からも、頂点を目指すことを奨励されないからだ。ある教師が友人のポッツにオックスフォードへの出願を思いとどまらせようとしたのは、「きみらが行くようなところじゃない」から、そして……出願料が一〇ポンドよぶんにかかるからだった（たったの一〇ポンドなのに）。

そして二〇〇〇年にブラウンが登場し、オックスフォードは上流階級の子弟専用の大学だから、公立学校生やふさわしくない地域の出身の生徒が志願してもむだだ、と言わんばかりの発言をした。かくしてブラウンは、ろくにわかってもいない問題に首を突っ込んで、ぶざまなオウンゴールをしたと非難されている。

とはいえ……それでも……問題は存在したし、今もある。当然ながら、貧しい家の子どもたちがおおぜい出願しているのなら、大学側がわざわざ手を差し伸べ続ける必要などないだろう。オックスフォードが誰にでも門戸を開いていることをみんなが知っているのなら、それをわざわざ強調するまでもないだろう。そして、オックスフォードに公立学校出身の学生がごまんといるのなら、懸命に公立学校の生徒を入れようとしなくてもいいはずだ。

学費が有料の学校に通っているのはイギリスの子どもの七パーセント未満なのに、オックスフォードのイギリス人学生の約四五パーセントは、有料の教育を受けた者たちだ。私立学校生がやたらと大量にオックスフォードに出願するだけでなく、実際に受験すると、統計的に見て（著しく）合格率が高い。オックスフォードは各大学のなかでも一貫して、公立学校出身のイギリス人学生の割合が最も低い。公立学校出身者は全学生の五五パーセントと過半数（と、大学側が強調し）、この数値は数十年にわたり上がっている。とはいえ、上昇し続けているわけではない。ここ数年は五五パーセントあたりで増減し、頭打ちをうかがわせる。

ぼくに言わせれば、そういう統計値から全容がわかるわけではない。まず、特定のカレッジは今でも明らかに上流階級色が強い。新興のカレッジが公立学校生をずっと多くとっている一方で、超一流のカレッジの一部はいまだに有名私立校生に甚だしく偏っているのなら、学内でむらがあることになる。

また、〝公立学校〟のカテゴリーもきわめて幅が広い。オックスブリッジに生徒をたくさん送り込むような、競争の激しいエリート校も少数ある。そういう学校はロンドンや、富裕なイングランド南東部に遍在し、上位中流階級の家庭の生徒が圧倒的に多い。〝学費無料の私立学校〟と言ってもいいくらいだ。そこでは教育が〝購入〟されている。親は子どもを一一歳でそういう学校に入れるために、その〝学区〟の高額な住宅を買ったり、集中的な個別指導を受けさせたりしているのだから。オックスフォードの合格者のほんとうの内訳は、以下のとおりと言えそうだ。上流の子どもが四〇パーセント、上流の下、および中流の子どもが四〇パーセント、その他が二〇パーセント。

オックスフォードだけの責任ではないということは、はっきり言える。広く社会が生み出した問題を、大学だけで解決できるはずがない。多くの公立学校は単に、オックスフォードに受かるような生徒を生み出さないのだ。子どもに勉学を奨励しない親による損害を、善意の支援活動で簡単に帳消しにできるわけがない。そして、オックスフォードは上流紳士のための特別な大学という、しつこく残る思い込みは、腹立たしいほど打ち消しにくい。

私立学校が少人数クラスの授業をするために、徴収した授業料で優れた教師を雇っているにしても、それはオックスフォードの責任ではない。私立学校が生み出す学業成績の優秀な生徒は、面接に自信があるし、スポーツや課外活動でのすばらしい成果を残しているので、出願書類も目立ちやすい。私立学校に金を払う親は子どもを後押しし、才能を開花させるような環境を用意する。

〝昔ながらの〟擁護論はこうだ。オックスフォードは大学としての地位を保ちたければ、優秀な受験生を差別するわけにはいかないはず。だからむしろ、公立学校こそ生徒の学力を向上させるべきだ、というもの。最近ではめったに聞かれない論だ。現状認識が足りず、政治的に容認できない説とされていて、〝さらなる努力〟の義務は大学側にある（この文脈でいくと、ブラウンの発言は見かけほど異例ではない。ブラウンの次に首相になった保守党のデーヴィッド・キャメロンもテリーザ・メイも、社会における〝機会の拡大〟について語っている）。

ぼく自身の〝支援〟体験を語らせてもらうと、一九八七年にオックスフォードへの出願を考えていたときに、ベイリオルのチューターと、セント・アンズのチューターそれぞれに思いきって手紙を出し、そのなかにカレッジ、専攻課程、選抜方法についての基本的な質問をいくつか書いた。両者とも返事をくれたばかりか、話をしに招いてくれた。ぼくが約束の日に訪れると、要職にある多忙なふたりが時間を割いて、ぼくの質問に丁寧に答え、出願するよう励ましてくれた。ふたりはぼくの手紙から、ぼくがオックスフォードにはるか昔から生徒を送り込んでいる学校の生徒ではないことを推定できた（それに、住所もぼくの生まれや育ちについての手がかりを与えていただろう）。ふたりのとてつもない思いやりによるできごとで、感謝してもしきれないほどだ。特に記憶に残っているのは、ベイリオルのマリー博士の、選抜方法についての言葉だ。「つねに的確とは言えませんが、そうあろうとしています」。博士の声の、謙虚さと後悔と誠実さの入り混じった響きに、ぼくは胸を打たれた（スペンス嬢とゴードン・ブラウンに、この話をしたかった）。

オックスフォードには上流階級だがぼんくらな学生がたくさんいるに違いないと、世間から思われることもある。上品なアクセントと生まれ育ちのよさで楽々と入学できるのだ、と。これは現実にそぐわない見かただ。一流の教育を受けながらもオックスブリッジには届かない子どもの行き先は、たいがいブリストル大学（オックスブリッジの滑り止めという評価を払しょくすべく奮闘中の、トップクラスの大学）、ダラム大学（ここも滑り止めとして人気の、伝統ある大学）、セント・アンドルーズ大学（ウィリアム王子とケイト・ミドルトンの出会いの場）というのが、学問の世界ではほぼ一般常識だ。

とはいえ、オックスフォードは公立学校生の採用という点では、ケンブリッジに後れを取っている。ケンブリッジの公立学校生の割合は、オックスフォードより著しく高いだけじゃなく（六二パーセント）、私立学校生に人気の他大学（ブリストル大学やダラム大学）も上回っている。この一点においては、〝オックスブリッジ〟という用語は有用な概念ではなくなる。オックスフォードだけが、最も上流色が強い。

スペンス嬢の物語には落ちがあった。ハーバード大学での専攻課程の修了後、スペンス嬢はイングランドに戻って医学を学んだ……ケンブリッジ大学で。

Chapter 13 オックスブリッジはエリートへの道？

一〇代のころにオックスフォードを目指そうという気持ちになったのは、《デイリー・テレグラフ》紙の数々の死亡記事を読んだことからだった。一九八〇年代半ばに生涯が新聞に載るような偉大な男性は（ほとんどが男性だった）、驚異的な確率で母校がオックスフォードかケンブリッジだったのだ。

少年時代のぼくは〝当然の〟結論を出した。オックスフォードこそ、イギリス社会の上層への入り口だ、と。

死亡記事の人たちには、華麗なる経歴と退屈知らずの人生があった。死亡記事がかならず述べていたとおり、高級官僚も外交官も、産業界の大物も、政治家も、軍人も教会の指導者も、みんなオックスブリッジに通ったようだった。しかも、どう見ても容易に、ひんぱんに転職をしていた。外務機関に語学の達人として八年間務めたあと、化学産業のトップに乞われるなどなど。ＫＢＥ（大英帝国二等勲爵士）ほか、さまざまな栄誉にも恵まれていた。

死亡記事には、こんなふうな話がよく書いてあった。

〝ドナルドソン氏は国会議員への選任を惜しくも逃したあと、ロンドンで思いがけず、モードリン・カレッジの寮で同じ階だったチャールズ・モンタギュー氏に遭遇した。モンタギュー氏はドナルドソン氏が定職に就いていないと聞いて驚き、当時《デイリー・ミラー》紙の編集長だった叔父への口利きを申し出た。

ドナルドソン氏は《デイリー・ミラー》紙本社への訪問を要請され、ジャーナリズムの経験がなく、スペイン語もできないにもかかわらず、マドリッド特派員の地位を提供され……〟

オックスフォードにたどり着くことさえできれば、必然的に魅惑のキャリアがついてくるというだけでなく、なんらかの形でキャリアのほうから自分を見つけてくれるようだった。なんだって可能になるのだ。

高等学校時代の友人のマーティンもオックスフォードに進学したが、別の情報源から似たような勘違いをしていた。大学の最終学年になると、一流企業の代表者がそれこそ向こうからやって来て自室のドアをノックし、職を提供すると信じていたのだ。友人は実際に

「企業がやって来て採用活動をする」という話を聞いていた。だが、その話の実際の内容は、投資銀行や会計事務所や法律事務所が大学でワインと軽食の会を催し、参加した学部生が職業や会社について詳しい情報が得られるということだった。

採用側はその機会を利用して優秀な学生を口説き、非公式に選考の過程に入る。オックスフォード生であれば〝誰彼かまわず〟職を提供するというようなことはありえず、ごく少数の学生を選ぶ場合が多いが、候補のなかからいちばん能力が高くて意志の強い者を獲得するために、いささかの時間と金をかける。

今でもマーティンの勘違いには笑ってしまうし、自分の勘違いにも赤面する。けれど、自分たちよりも先にオックスフォードに行った友人なんて、ぼくらにはひとりもいなかったから、どんな断片的なものであれ、入手した情報をもとに無邪気な推論をしたのだ。

当然ながら、一九八〇年代の死亡記事で扱われていたのは、異なる時代の人生だった。けれど、重大な意味を持つ情報を見落としていたことも、勘違いの原因として大きかった。そういう男たちはオックスフォードに入る前に、ほぼ全員が私立のエリート校に通っていた。記事には〝ハロウ校からエクセター・カレッジ〟、〝イートン校からトリニティ・カレッジ〟、ラグビー校からモードリン・カレッジ〟などと書かれていた。単に〝オックスフォード大学卒〟というだけではなく。

そして、そういう状況は今もあまり変わっていない。数多の研究が指摘している事実、それは近年、イギリスの社会的流動性がほとんど高まっておらず、複数の点でむしろ後退していることだ。数十年前よりもはるかに多数の〝ふつう〟の生い立ちの若者が大学に進学し、公立校の生徒でもオックスブリッジに進む者が増えているにもかかわらず。

〝イギリスは深刻な社会的流動性の問題をかかえており……状況は好転ではなく悪化している〟と、政府の社会的流動性委員会による二〇一六年の報告書の序文にある。ここでイギリスにおける社会的流動性の問題を全般的に取り上げるつもりはない。些末な話かもしれないが、ある一面だけお伝えしよう。多くの人の思い込みに反して、イギリスの最高峰の大学に行っても〝機会の均等〟を手に入れることにはならない、と。

エリート層というものは、おそろしく強靱だ。とりあえずの例で言うと、デーヴィッド・キャメロン（前首相）、ウィリアム王子（未来の国王）、ボリス・ジョンソン（外務大臣、将来の首相の可能性あり）、ジャスティン・ウェルビー（英国国教会の最高職のカンタベリー大主教）は全員、イギリスで最も有名なパブリック・スクールであるイートン校の出身だ。元財務大臣のジョージ・オズボーンは、セント・ポールズ校の出身。次期首相の呼び声も高かったが、その望みをくじかれると、ジャーナリストとしての経験がないにもかかわらず《ロンドン・イブニング・スタンダード》紙の編集長の職に就いた。そんな例はいくらでも挙げられる。

有名なパブリック・スクールに通う人は、イギリス国民のうちのごくわずかだ。その人たちがオックスブリッジの学生の大きな割合を占め、のちにはイギリス社会の主要な職業や上流階級の大部分を占めるようになる。イギリスのエリートは、大学に入る以前から少数の有名校できわめてだいじな知人をつくるらしい。そういう絆がオックスフォードやケンブリッジでさらに強くなり、さらに広がりを見せ、大学でウェストミンスター校出身の学生たちが、イートン校卒の学生たちと同じチームでクリケットをする。ウェリントン校やゴードンストン校の出身者とも、カレッジのバーや〈ユニオン・ソサエティ〉で知り合い、互いに紹介し合う。自分よりも貧しい生い立ちの学生と意図的に友人にならないようにしているわけではないが――それに、友人の輪が完全に閉じられているわけでもないが――似たような人生を送ってきた学生におのずと引きつけられる。そして、そういう友人関係はのちの人生でとても価値のあるものになりうる。

彼らは通常、卒業後は限られた専門職に就いて、北ロンドンや西ロンドンの高級住宅街に住む。そういう環境で互いと交流し、当人たちはけっしてそう呼ばないが、〝ネットワーク〟を維持する。結婚するのも、たいがい同じ境遇の相手とだ。二〇一二年の研究によれば、階級を超えた結婚の増加が数十年続いたあと、同じ階級どうしで結婚する傾向が一世代前よりも強まっていた。

こういう話を書いていると、パブリック・スクール出身のある友人の人生を、こと細かに解説したいという誘惑に駆られてしまう。ロンドンの路上でオックスフォード時代の旧友に出くわしたことで、人生を一変させるような刺激的なキャリアに導かれるというできごとを含め、ばかばかしいほどパターンどおりの人生なのだ。

特権階級の人たちはオックスフォードの決まったカレッジに入って、同じ階級の学生とつきあう傾向にあった。この典型的な例として時折引き合いに出されるのが〈ブリンドン・クラブ〉だ。少数のお坊っちゃんから成る（女人禁制）、歴史ある快楽主義の会員制社交クラブ。飲食をした店を大騒ぎの末にめちゃくちゃにするそうだが、賠償金として高額の小切手を切ることで、なんのおとがめもなし。

キャメロンも、オズボーンも、ジョンソンも、同時期にこのクラブの会員だった。希望すれば入れるわけではなく、招かれた者が入会する。ぼくが大学にいたとき、クラブについて一切耳にしたことがなかったという事実からも、そのありようがうかがえる。最近ではこのクラブにヒントを得て、（誇張が著しいが）特権階級のオックスフォード生の傲岸不遜なふるまいを描いた舞台と映画、『ライオット・クラブ』が制作された。

〈ブリンドン・クラブ〉の過去の会員には、英国国王がふたり（エドワード七世と八世）、

ＢＢＣの総選挙特番も仕切る有名ジャーナリスト（デーヴィッド・ディンブルビー）、ラスプーチンを暗殺したロシアの貴族（フェリックス・ユスポフ）、ウィンストン・チャーチルの父（自身もかつて政界の大物だったランドルフ）がいる。

ぼくはある会員のことを、少しだけ知っていた。ぼくが《デイリー・テレグラフ》紙の東京特派員だったころに、ニューヨーク特派員だったハリー・マウントだ。大学で同じ時期に同じ専攻で、同じ等級の学位をとった。准男爵の息子で（父親はサッチャーの顧問として最側近の立場にあった）、ウェストミンスター校からモードリン・カレッジに進んだ。だから、ぼくの人生といくぶん重なるところもあるのだが、差は歴然としている。一例を挙げると、彼は《デイリー・テレグラフ》紙で若くして〝社員〟になった（つまり高給をもらって会社の中枢にいる立場だったが、同年代のぼくらは〝非常勤通信員〟としてあがいていた）。もうひとつ言うと、ぼくは彼を覚えているけれど、彼がぼくの名前や素性を知っているか怪しいものだ。

お坊っちゃん学生は得てして、下の階級の学生は〝眼中になかった〟。交流はするものの、別の世界に生きているようだった。ぼくのカレッジにはふつうの学生もたくさんいたけれど、学生の代表に選ばれた者のひとりが私立校出身者だった。代表の職務として、ディナーの席で前年度の総括のユーモラスなスピーチをするというものがあった。何が言いたいかというと、彼のスピーチが少数のお坊っちゃん学生の悪ふざけの話ばかりだったのだ。ぼくらのあいだで伝説になっていた数々の事件は、まるで無視。ぼくらが〝キャラが濃い〟と見なしていた学生たちにもふれずじまいだった。彼の目に映る世界を垣間見るできごとだった。

ぼく個人は、〈ブリンドン・クラブ〉にばかり目を向けていては肝心な点を見逃してしまうと思う。このクラブはごく小さな特殊な集団にすぎず、問題はもっと多岐にわたり、あまねく存在する。お坊っちゃん学生はオックスフォードで非公式な仲間の輪をつくり、たいがいそのうち複数の輪がつながりあって、カレッジの垣根をこえて大きくゆるやかな集団に発展する。その集団が、ひとつの漠然とした名前のないクラブになる。そのクラブはイギリス社会の一流の専門職や上層階級の人たちを結んで、〝稼働〟というより〝存在〟している。全員が互いを知っているわけではないけれど、そんなふうにも見える。

たまたま良家に生まれた〝上流階級のぼんくらども〟がイギリスを仕切っていると論じる人たちもいるけれど、ぼくは賛成しかねる。自分の経験から言って、私立校で教育を受けた人たちは意欲に満ちている。仕事のできない上流階級の人物なんて、ほとんど見たことがない。大部分は知的で能力が高い。むしろ、同じくらいの能力があっても、その仕事をする機会を得られなかった人もいるということなのだ。

上流階級の人たちがめったにそういう見かたをしないことに、ぼくはもやもやしてしまう。彼らは自分たちが〝恵まれたスタートを切った〟という考えかたに、たまに同調してみせるけれど、たいていは自分の懸命な努力のおかげで成功したと考える。人間だからそう思うのも無理はない。彼らの努力は認めるけれど、承認や昇給や昇進という報酬をつねに与えられる場合のほうが、努力がしやすいということをわかっていない。

エリート家庭出身の人たちは往々にして、〝開かれた門戸を開ける〟。縁故という味方があり、ある分野（例えばマスコミやファッション関係）に入り込むにはインターンシップが重要という時代にあっては、なおさらコネが影響力を持つ。しかも、いわゆる〝無意識の偏見〟の恩恵も受ける。社の上層部や面接官も、たいがい恵まれた環境に生まれ育った人たちだ。「おお、ウェリントン校出身か。採用しよう」と頭で考えるわけではない。無意識のうちに、自分たちに似た応募者に〝望ましい資質〟があると信じやすいと言ったほうがいいだろう。

当然ながらこういう理由から、親は子どものために、オックスブリッジへの進学実績で遜色なく、しかもはるかに学費の安い私立校（そして一部の公立校）もあるのに、エリート校に巨額の費用を払う。投資の目的は学校教育だけではないのだ。

恵まれた人生を通じて、自信も養われる。有名校出身で、社会的に成功している親を持つ人たちは、ハイレベルな仕事に応募するときも、緊張したり、自分には価値がないと思ったりしない。採用に関してはふたつの対応があるように思う。採用側が上品なアクセントの私立校出身の応募者に対面した際には、ほかよりも先に確保しておいたほうがいいと考え、応募者の期待する給与が高そうだから、好条件を提示したほうがいいと決め込むようだ（「お父上は情報部の元高官だって」）。

一方、粗野なアクセントの公立校出身者が垂涎の的の仕事に応募すると、採用側は、職を得られること自体が〝望外のチャンス〟なのだから、試用期間は低賃金でも本人は大喜びだろう、という態度を取るようだ。そしてこの手の態度は、いったん門戸をくぐったあともずっと問題になりやすい。

どんな業界であれ公平な競争の場ではないけれど、裕福とは言えない家庭に生まれた者にとって、あまり有利ではない職業は存在する。社会的流動性委員会の報告書では、労働者階級の出身者は医師のわずか四パーセント、法廷弁護士の六パーセント、ジャーナリストの一一パーセントにすぎない。ぼくがジャーナリズムの世界で働き始めたときは、そういう状況なのかどうかは考えもしなかった。ジャーナリズムは昔から、才能ある労働者階級の者に開かれた職業という評判だったのだ。ただ、イギリスの全国紙で働いてみて、上司たちからそういう仕事ができるだけでも名誉なんだと思われているとは感じていた。ただ、私立校出身の同僚たちのほうが明らかに出世が早かったとはいえ、彼らが才能に恵まれ、努力を怠らないジャーナリストだったことは強調しておきたい。

オックスフォード時代の友達には、もっと道筋のはっきりした、進歩の評価が〝客観的〟な職業を選んだ人たちもいて、例えば会計士（重要なのは資格を得られるかどうか）、金融（どれだけの利益を上げたかが評価の基準）、人材関係などだ。あとから考えると、その手の職業のほうがコネも財産も私立校の教育もない学生にとっては、安全な選択だったただろう。オックスフォードに行くことで、ある程度門戸は開かれるけれど、世界が思いのままになるわけではない。

富裕層の出の友人よりも一般家庭の出の友人のほうが、卒業後に海外に働きに出た人の割合がずっと高い。きっとこの違いは、外国ではイギリスのエリート層の出身という〝強み〟の多くが消え失せるか、減るからじゃないだろうか。コネも、有名校の評判も、上品なアクセントへの敬意も……。

もちろん、生まれ育ちで運命が決まるわけではない。才気あふれる者なら、どんな分野でも壁を突破して成功をつかむ。そしてオックスフォードの教育は人生の見通しをよくするうえで、きっと数々の形で役に立つ。けれど、ぼくはオックスフォードでの経験から――今でも多くの人に信じられているけれど――オックスフォードに行けばエリート層の仲間入りができるという、少年時代の確信を否定する。むしろオックスブリッジに通うことは、イギリスのエリート層の大学以前から始まり大学以後も続く人生における、経験の一部なのだ。

オックスフォードのいにしえの建物を飾る“ガーゴイル”。聖書や神話の世界の怪物など、愛らしいものから不気味なものまでさまざまある

Ⅳ

さらに深く知るオックスフォード

Chapter 14 オックスフォードのトリビア

大学の中心地

オックスフォードに詳しくない観光客が「大学はどこですか？」と尋ねることがある。オックスフォードの街に点在している、というのが正解だ。大学を象徴するような単独の建物は存在しないからだ。

その観光客は、全カレッジが共有する重要な施設ということで、ボドリアン図書館へ案内されるかもしれない。あるいは、聖母マリア大学教会の塔に登るように言われるかもしれない。そこは大学の中心地として、全体を眺めるには最高の場所だ。ハイ・ストリートのイグザミネーション・スクールズ（おもに学生の試験会場に使われる建物）も挙げられるかもしれないが、学生にとってはできるだけ意識したくない場所でもある。

もっとも、理屈のうえでの中心地はちゃんと存在する。カーファックス・タワーだ。これはセント・マーティンズという大昔の教会の遺構で、街の主要な十字路に立っている。妙な話だが、それは――大学のではなく――街の建造物であり、一八九六年までは街の公的な教会だった（元市長の多くがそこに埋葬された）。

とはいえ、大学の規定では学部生はカーファックス・タワーから半径六マイル（約一〇キロメートル）以内に居住しなくてはならないので、ここが大学の地理上の中心と言える。この規則には例外がある。実家であれば、例えば一〇マイルほど離れたところでも通学を申請できる。それでも、距離の上限はカーファックス・タワーを起点に定められ、半径二五マイル以内とされている（これは通常、大学院生に許可される上限だ）。

ぼくのチューターだった女性は、この通常の上限を超えたところにある、中世の美しいコテージに住んでいた。本人いわく、自宅から大学が見えれば例外的に認められるそうだった。

見張らしのいい場所

オックスフォードには〝夢見る尖塔の街〟（the city of dreaming spires）という、すばらしくロマンチックな別名がある。

イギリスの街のなかで、ひょっとすると世界の街のなかでも、きっと最高の別名だ。

〝大きなりんご《ビッグ・アップル》〟（ニューヨーク）よりもずっとわかりやすいし、〝風の街《ウィンディ・シティ》〟（シカゴ）よりも想像をかきたて、〝煤煙都市《ザ・ビッグ・スモーク》〟（ロンドン）よりも好意的だ。なんといっても、名付け親が詩人のマシュー・アーノルドなのだから。

夢見る尖塔のなかでも最も中心的な存在が、カーファックス・タワーと聖母マリア大学教会の塔で、一般の人も有料で登れる。だがオックスフォードの街全体を堪能するなら、南方のボーズ・ヒルのような、街の外にある見晴らしのいい場所のほうがいいかもしれない。

おすすめのパブ

オックスフォードには、すばらしいパブが何軒かある。〈ターフ・タヴァーン〉は感動的な〝隠れ家〟だ。何しろ店にたどり着くには中世の曲がりくねった路地を進まなくてはならず、知らない人にとっては袋小路のように見えるだろうが……ようやく目の前に、大昔のカレッジの壁に囲まれた、広々としたパブが現れる。ここには一四世紀の昔から居酒屋《タヴァーン》がある。

〈ベア〉は〈ターフ・タヴァーン〉よりも一〇〇年ほど年上だ。天井がとても低いことで知られるが、これは身長が一六五センチメートルを超える人がめったにいなかった時代

あるとても古いパブと、もっと古いパブ

からの建物に多い。ところが皮肉な話、ここは“体育会系《ハーティーズ》”御用達の店で、とりわけスポーツ志向の強いオリオル・カレッジに近いので、漕艇部の図体の大きい部員やラグビー選手でいっぱいだ。また、変わったコレクションでも知られている。客の胸から切り取られた、ありとあらゆるパブリック・スクールや数多の運動部のネクタイの切れ端が、壁や天井に飾られているのだ。

〈イーグル・アンド・チャイルド〉が有名なのは、J・R・R・トールキン（オックスフォードの教授にして『指輪物語』の著者）とC・S・ルイス（オックスフォードのチューターにして『ナルニア国物語』の著者）が、文学愛好者と議論するために定期的に訪れた店だからだ。そういうわけで、ここはファンタジーのファンにとっては一種の聖地になっている。

文学にゆかりのある２軒のパブ

学生たちはよく、かなり子どもじみたユーモア精神を発揮する。オックスフォードでは例えば〈鷲と子ども《イーグル・アンド・チャイルド》〉を〝鳥と赤ん坊《バード・アンド・ベイビー》〟と呼んだりする。

通りの反対側は〈ラム・アンド・フラッグ〉。ここはふたつの理由で知られている。作家のトマス・ハーディがこの店で『日陰者ジュード』を書いたと言われ、文学的にも自慢の種があること。ふたつめは、すぐとなりのセント・ジョンズ・カレッジが店のオーナーで、儲けが奨学金に使われることだ。学究機関がパブを経営するなんて、そうある話じゃないと思うのだけれど、セント・ジョンズはもう四〇〇年以上もこの店をやっている。ぼくはこの店で飲むと学問という大義の一助になるという考えかたが、かなり気に入っていた。

〈子羊と旗《ラム・アンド・フラッグ》〉は、ぼくのいたカレッジから至近距離にあるパブのうちの一軒で、ぼくらは

〈羊と艦旗《シープ・アンド・エンサイン》〉とあだ名で呼んでいた。カレッジの通りを挟んで真向かいにあったのが〈馬と騎手《ホース・アンド・ジョッキー》〉、通称〈馬と秘書《ホース・アンド・セキ》〉。北オックスフォードには秘書養成学校がたくさんあって、そこではお上品だけれど学問の才能には恵まれていない若い女性が学んでいた。そういう秘書（オックスフォードのスラングで〝セキ〟）の卵たちは、〈ホース・アンド・ジョッキー〉のようなパブに足を運んで、裕福な男子学部生と交流していた。

余談になるが〈ホース・アンド・ジョッキー〉は、ぼくが出て行けと言われた唯一のパブだ。ふつう、客がパブから追い出されるのは飲みすぎか、お行儀が悪いせいだ。けれどぼくの場合は、飲みが足りないせいだった。ある日の試験のあと、ぼくと数人の友だちがビールを一杯ずつ買って、それを長時間かけてだらだらと飲んでいたら、バーテンダーから店を出るように言われた。ぼくはその店で二度と飲むものかと誓った。〈ホース・アンド・ジョッキー〉がのちに潰れて消滅したのは、因果応報と言うべきか。

禁断の地

ぼくがオックスフォードに在学中、大学の公園に〈パーソンズ・プレジャー〉という一角があって、そこでは男性が裸になってチャーウェル川に入ることが許されていた。聞くところによると、大学の先生たちに人気の場所だった。

その場所には目隠しがあったので、〝陸側〟からは見えなかったが、小舟を借りて川を行けば丸見えだった。

そこに関する都市伝説にはいろいろなバージョンがあって、要は女子学部生が「ある夏の日に何も知らずに舟で川を下っていて、ふと視線を上げると、担当の年配のチューターが真っ裸でいた」という話だった。チューターが平然と何かを言ってのけるとか（「明日のチュートリアルは午後三時、論題はホメーロスだ、お忘れなく」）、会話に引き入れようとするとか（「きみのヘシオドスについての論文を読んだが、重要な点を見逃していると考えざるを得ないな……」）。

つくり話だとはわかっていたけれど、ぼくはなぜか〈パーソンズ・プレジャー〉という場所自体もでっち上げだと思い込んでいた。あいにくぼくは一年めのときに、アイシス川でしか川遊びをしたことがなかった。けれど、二年めのある午後に友人の女性をチャーウエル川に連れて行った際の、ばつの悪い事件から、ぼくは男たちがほんとうに河岸に全裸で立っていたと証言できる（小舟を一八〇度回転させるのは至難のわざだったけれど、そのときのぼくはなんとかやってのけた）。

〈パーソンズ・プレジャー〉は、ぼくがオックスフォードを去るころに閉鎖された。

小説やTVドラマの舞台

オックスフォードは映画や文学にやたらと登場する。『日陰者ジュード』(一八九五年)には、オックスフォードがモデルのクライストミンスターという街が出てくる。『回想のブライズヘッド』の舞台のひとつが、ふたつの大戦のあいだの、オックスフォードの男性のみの世界だ。主人公のチャールズのカレッジはハートフォード、主要な登場人物のセバスチアンはクライスト・チャーチ。

物語のテーマはオックスフォードだけにとどまらないが(カトリシズム、イングランドの消えゆく貴族階級と豪奢な邸宅、ひとつの時代の終焉……)、なぜかオックスフォードのことばかりが読者の記憶に残る。テディ・ベアをかかえて歩き、気分が悪くなるまでワインやシャンパンを飲むセバスチアン。身の回りの世話をする校僕。高価な身なり。広々とした自室でのたっぷりした昼食(千鳥の卵とロブスター・テルミドール)。ほかの学生に噴水に放り込まれないよう用心すること。

一九八一年制作のTVドラマ版は出来がよくて非常に人気を集め、オックスフォードはホモセクシュアルの上流人士の縄張りというイメージを固めるうえで、決定的な役割を果たした。

だがオックスフォードが舞台の、いちばん人気のあるTVシリーズといえば『主任警部モース』だろう。一九八七〜二〇〇〇年に全三三話が放送された。コリン・デクスターの全一三作の原作を、はるかにしのぐ数だ。あまりの人気ぶりに、スピンオフのドラマが（モース警部役の俳優が亡くなったあとに）二話制作され、うち一話では相棒のルイスが主役に格上げされ、もう一話では若き日のモースが描かれている（時代設定は一九六〇年代）。

モース警部の人気の絶頂期がぼくの大学時代で、ちょうどそのころＴＶ版の撮影が行われていた（撮影のじゃまをしないように迂回するよう頼まれたことがあったけれど、当時はよくある話だった）。

シリーズの不滅の人気の理由は、ひとつにはオックスフォードという街自体にある。背景はさまざまなカレッジ。モースがオックスフォードの趣きのあるパブでビールを飲む。聖歌隊に教会にダイニング・ホール。一般の視聴者にとってはオックスフォードという閉ざされた世界を垣間見る機会だった――好奇心を刺激する殺人事件とともに。

オックスフォードの学生はしじゅう目にして体験している世界だから、それほど興味もないだろうと思われるかもしれない。けれど、ぼくらはこのドラマが大好きだった。みんなで共同のテレビで鑑賞しては、ロケ場所がどこかわかると叫んだ。「〈ターフ〉！」、「ベイリオル」、「ウッドストック・ロード」、と。

けれど、ぼくらがいちばん好きだったのは、モースとルイスが風情のある狭い通りを進んで、角を曲がって別の美しい通りに入る場面だった……ただし、これは物理的に不可能な行為だった。最初の通りは次の通りとつながっていないのだから。

こういう地理上の不合理な点は、ふつうの視聴者には気づかれないが（だから映像内ではしょっちゅう起きるのだが）、ぼくらはモースが話の途中でいきなり五〇〇メートルも魔法のようにワープしたことを、自分たちだけがわかったという感じが大好きで、通ぶった笑い声をあげたものだった。

〝二大政党制〟誕生の地

ごく短期間ながら、イングランドの首都だったとかろうじて主張できる場所が、ロンドン以外に数カ所ある。国王が宮廷を構える場所を首都と見なすなら、オックスフォードもそのひとつだ。イングランド内戦（一六四二〜四六年）の時期に、チャールズ一世がロンドンから脱出して、しばらくオックスフォードを拠点とした（そこも追われて、ついに捕らえられ、処刑された）。息子のチャールズ二世は王位に復帰したのち、やはり宮廷を一定の期間ロンドンからオックスフォードに移したが、これはペストの大流行（一六六五年）から逃れるためだった。

正統性の度合いがさまざまな議会も、過去三回にわたりオックスフォードで開かれ、一六八一年の一週間の議会で〝二大政党制〟が生まれたと言われている。当時のホイッグ党とトーリー党だ。

壁の焦げあと

大学教会では、〝血まみれメアリー〟として知られるカトリックの女王の時代の一五五五年に、ヒュー・ラティマー、ニコラス・リドリー、トマス・クランマーという三人の著名なプロテスタントの裁判が行われた。三人は有罪判決を受け、ベイリオル・カレッジの外で火あぶりにされた。その炎による焼け焦げのあとが、今もベイリオルの壁に残っていると言われる。

幻の大聖堂

殉教者三人の記念碑が、死刑執行の場の近くにある。設計したのはジョージ・ギルバート・スコット。イギリスで最も有名な建築家に数えられ、殉教者記念碑は初期のスコットの、ヴィクトリア朝のゴシック・リバイバル建築の作品例だ（スコットはのちにロンドンのセント・パンクラス駅など、数々の傑作を残した）。

一八四一年に制作された記念碑は、教会の尖塔にそっくりだ。あまりにも似ているので、オックスフォードのジョークで、〝地下の大聖堂〟の一部だけが地面の上に飛び出したものと言われている。観光客にそう話して、数メートル離れた階段が〝大聖堂〟につながっているから降りてみては、と勧めるのがお約束だ。

じつはそこは、公衆トイレへの階段なのだけれど（学生にはかなり子どもじみたユーモアのセンスがあるという話は、すでに書いておいた）。

尖塔？　入り口？　地下の大聖堂？

〝名高い〟建築物

オックスフォードは、建築愛好家にとっては至福の場所だ。何世紀にもわたるさまざまな様式の傑作が残り、あまりにも膨大な数なので概要の説明すらむずかしい。とにかく実際に行って、その目で確かめることだ。

セント・ミカエル・アト・ザ・ノース・ゲイト教会の、並外れて保存状態のいいサクソン・タワーが建てられたのは一〇四〇年、オックスフォード最古の建築物として知られている（〝北門《ノース・ゲイト》〟自体はなくなって久しいが、街の城壁は部分的に残っている）。

一〇六六年にイギリスに侵攻したノルマン人が占領地の守りを固めるために、すぐにオックスフォード城を建てた。ぼくは二年めに、帰宅の際に毎日自転車でそこを通りかかり、気味の悪い陰鬱なたたずまいだと思ったものだった。当時その建物は刑務所として使われていた。今ではガイド付きツアー、レストラン、市場、演劇などの催しが楽しめる観光スポットになっている。

ニュー・カレッジの創設は一四世紀、以後ほとんど変わっていない。アシュモリアン博物館は、新古典主義（一八四〇年代）の建築だ。セント・キャサリンズ・カレッジは現代建築（一九六三年にデンマークの建築家のアルネ・ヤコブセンが設計し、イギリス重要建造物の第一級に指定されている）。ぼくが学んだセント・アンズ・カレッジは、オックスフォードの〝名高い〟建築物には数えられていないが、周辺にはヴィクトリア様式の貴重な例である家屋が一九軒も建っている。

偉大な建築家の作品

オックスフォードにはギルバート・スコットの作品がいくつかある。エクセター・カレッジの礼拝堂は、オックスフォードの彼の作品としては、おそらく最も印象的だ（彼はカレッジの図書館も設計した）。

セント・ポール大聖堂を設計した偉大な建築家、クリストファー・レンは、壮麗なシェルドニアン・シアターを手がけた天才であり、この建物ではオックスフォード大学の式典が行われる。ぼくの場合は入学式と卒業式だったが、大学への出願前に、ここで行われた入学希望者向けの説明会にも参加した。建物のあまりの美しさに、「ぼくなんかが、ほんとうにこんなところに入ってもいいのかな」と思ったことを覚えている。

レンが設計した印象深いトム・タワーは、クライスト・チャーチへの入り口の仕上げとなる部分だ。中庭とあまりにも完璧に調和しているので、それがレンの作品で、中庭や門楼ができてから一〇〇年以上あとに設計されたものと知ってびっくりした。

オックスフォード標準時

トム・タワーという名前の由来は、〝グレート・トム〟という巨大な鐘があることからだ。どれくらい古い鐘かは定かではないが——ヘンリー八世によって解散させられた修道院から、一五四六年に移されたものだからだ——ビッグ・ベン（国会議事堂の鐘）よりも少なくとも三〇〇年は古い。

グレート・トムは〝オックスフォードの声〟だ。毎夕一〇一回鳴らされる（クライスト・チャーチに当初一〇〇人の学者がいたことが始まりで、のちに一回追加された）。

この鐘を鳴らす時間は議論の的になっている。グリニッジ標準時——一八八〇年代に国内全土に導入された標準時——で言うと、午後九時五分に鳴り始めるが、〝オックスフォード標準時〟によれば午後九時ぴったりだ。ロンドンのやや西にあるオックスフォードは、かつて何世紀にもわたり独自の標準時を使っていて、グレート・トムは今もそれにのっとっている。

よくあるジョークが「遅刻じゃないよ……オックスフォード標準時に従っているだけさ」というもの（ただし、相手がチューターの場合はやめておこう）。

クリストファー・レンの手がけた美しいトム・タワー。ここで鳴らされる鐘は、ビッグ・ベンよりはるかに古い

下院に確保された二議席

オックスフォード大学には一六〇三年から一九五〇年まで、下院議員二名の枠が割り当てられていた。この議席は地域というよりも特定の団体の利益を代表していたので、非民主的なところがあると見なされていた。そして戦後の労働党政権によって廃止された。

この制度は、かなり公正さに欠けていた。例えば一九三五年には、大学の二番手の下院議員が四〇〇〇票にも満たない票数で議席を獲得した。一方（街としての）オックスフォードの労働党の候補者は、九〇〇〇を超える票を獲得しながらも次点に終わり、議員になれなかった。

もっと言うと、二議席に対し立候補者が二名ということもたびたびで、つまりは投票の必要もなかった（一八六八年から連続一一回の総選挙でも、そういう事態が起きていた）。それゆえ、この議席は実質的には大学の有力者によって授けられるものとなり、これ以上ないほど確実な議席だった。

のちに首相になったふたりも、オックスフォード大学選出の下院議員だった。W・E・グラッドストン（一八四七～六五年）と、ロバート・ピール（一八一七～二九年）だ。

ピールの例は興味深い。ピールは無投票で六回再選されたのち、初めて対立候補が現れて議席を失った。その一八二九年の補欠選挙は、ピールの議席返上によって行われた。なぜ返上したかというと、ピールはカトリック解放運動に強硬に反対していたが、のちに立場を変え、内務大臣として国会でカトリック教徒救済法案を通そうとしていたからだ。大学は英国国教会と深く結びついていたので、ピールの寝返りは深刻な問題だった。

ピールが有権者に自分を落選させる機会を与えたことは、あっぱれな行為のように思える。ところが、ピールは再選されないことが決まると、すぐさまウェストベリーの議席を新たに与えられた。ウェストベリーはいわゆる〝懐中選挙区〟で、実質的には大地主が下院議員二名を選んでいた。その大地主は政府からの何らかの見返りを期待して、ピールのために自分が持っていた議席を譲ったのだった。だから、このできごとはイギリスの民主主義と政治的秩序の勝利とは言い難かった。

結局のところ、その年にはピールが先頭に立って、だいじな改革がふたつなされた。カトリック解放が法律化され、初の現代の警察であるロンドン警視庁が設けられた。

ケンブリッジのトリビアもいくつか

これまで書いてきた話のうち、かなりの部分がケンブリッジにもふしぎなくらいあてはまる（少なくとも、ケンブリッジに関連した追記ができるほどある）。

ケンブリッジには何世紀にもわたる魅惑の建築群がある。クリストファー・レン（ペンブルック・カレッジの礼拝堂、トリニティ・カレッジの図書館）や、ギルバート・スコットのケンブリッジ大学での作品（セント・ジョンズ・カレッジの礼拝堂と学寮長の住宅）が見られる。また、（非常にめずらしいものなのに）ケンブリッジにもサクソン・タワーがある。

ケンブリッジ大学にも、数世紀にわたり下院議員がふたりいた。さらに、ケンブリッジ大学選出の下院議員二名も首相になった。〝小ピット〟のほうのウィリアム・ピット（首相時代も議席を保持した）と、パーマストン子爵だ。万有引力の法則を解き明かしたアイザック・ニュートンも議席を持っていた。クリストファー・レンはケンブリッジでも、のちにオックスフォードでも立候補し――二回とも落選した。

まさかの偶然の一致だが、ケンブリッジで最も有名なパブも、もともとは〈イーグル・アンド・チャイルド〉と呼ばれていた――今は〈イーグル〉という名で知られるけれど。この店がオックスフォードの〈イーグル・アンド・チャイルド〉に等しい存在とも言えるのは、ここにもかつて大学の偉人たちが集ったからだ。ケンブリッジの場合は、ジェームズ・ワトソンとフランシス・クリックがここで昼食をとり、一九五三年のある午後に、近隣の研究室の同僚たちに、「生命の秘密を発見した」と宣言したことで知られる（DNAの二重らせん構造だ）。

オックスフォードの〈バード・アンド・ベイビー〉が文学と、ケンブリッジの〈イーグ

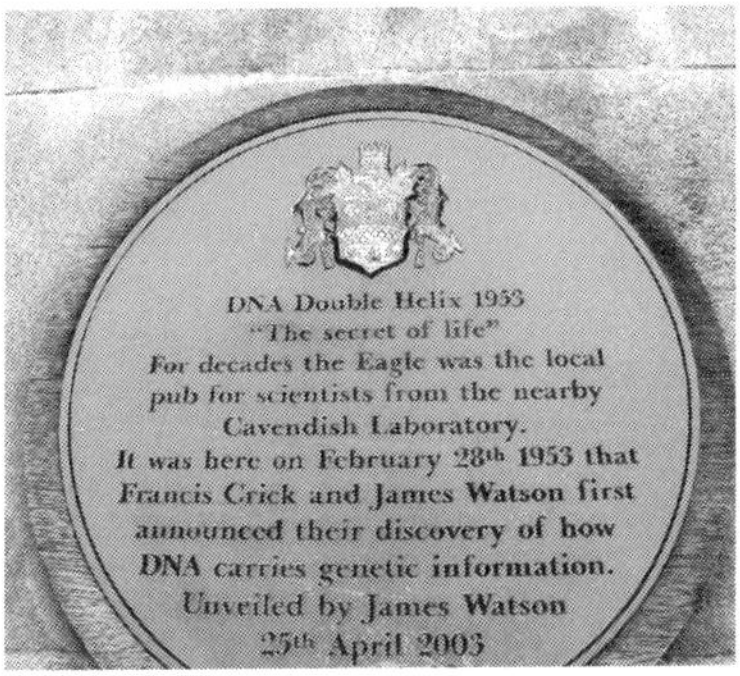

科学にゆかりのあるケンブリッジのパブ

カム川から臨む美しい景色。しかし平底舟の漕手の立ち位置が逆では？

ル〉が科学とつながりがあるというのも、オックスフォードが文系、ケンブリッジが理系に強いという、ぼくの理論に符合するように思える。

ケンブリッジの〈イーグル〉もオックスフォードの〈ラム・アンド・フラッグ〉と同じように、カレッジがオーナーだ（徒歩一分のところにあるコーパス・クリスティ・カレッジ）。

ヒュー・ラティマー、ニコラス・リドリー、トマス・クランマーが〝オックスフォードの殉教者〟として知られているのは、三人がオックスフォードで処刑されたからだが、じつは三人ともケンブリッジ大学で教育を受けた。

オックスフォードほどの規模ではないとはいえ、ケンブリッジも数々の文学や映画に登場する。ぼくが個人的に大好きなのは、一九七四年のトム・シャープによるユーモア小説（とTVシリーズ）の『ポーターハウス・ブルー』だ。高尚な文学ではないけれど、伝統に固執する男子だけのカレッジの学寮長に改革派の人物が就任することによる、こっけいなどたばた劇が愉快だ。

モース警部シリーズを書いたコリン・デクスターは学部生、大学院生としてケンブリッジで学んだ。伝統を誇る大学を舞台とするミステリーを書こうと決めながら、自分が通っていないほうの大学を選んだことこそ、ぼくにとってはミステリーだ。

Chapter 15 カレッジの殿堂、オール・ソウルズ

数々の美しいカレッジのなかでも、古典的な美、並外れて広々とした空間、またとない立地の絶妙な相乗効果で際立った存在なのが、オール・ソウルズ・カレッジだ。フランスとの百年戦争で命を落とした者たちをはじめとする死者の魂《ソウルズ》を偲び、祈りを捧げるための場所として、一四三八年に創設された。

オール・ソウルズへの入り口はオックスフォードのハイ・ストリート沿いだが、側壁は大学の中心であるラドクリフ・スクエアに沿って続いている。オール・ソウルズのとなりの大学教会からは、このカレッジの非の打ちどころのない中庭を見下ろせる。

実際のところ、その外見はうさん臭いほど無垢なままだ。完璧に手入れが施されているだけでなく、不気味なほどひとけがない。（ほかの多くのカレッジとは違って）完璧な芝生に寝転がっておしゃべりや読書に興じる学生もいなければ、ましてやチュートリアルへ

急ぐ学生の姿もない。オール・ソウルズは学部生も、大学院生さえも受け入れておらず、たまにこのカレッジで指導を受ける大学院生がいるくらいだ。数十名の研究員《フェロー》から成るカレッジという意味で、学内では特殊な存在であり（そしてケンブリッジに同様のカレッジはない）、フェローの多くはカレッジを生活や研究の場にしていない。

オックスフォードが名門大学とするなら、オール・ソウルズは名門中の名門。ひそひそとうわさをされる、異質な場所だ。それでいて、学部生のあいだではなぜか〝忘れられた〟存在なのは、学部生には志願するチャンスも、このカレッジに所属する誰かに会うことも、そこに足を踏み入れる理由も一切ないからだ。いわばベーグルの穴。何もないようでありながら、全体を完成させている。

オール・ソウルズへの合格はとてつもない誉れであり、稀有なことだ。年間に〝フェローをたった二名〟しか新たに受け入れないと言われていて――この説は正しいと言えば正しいのだが、ただし年間で上限二名まで。優秀な志願者が二名いると判断すればの話だ。新たに選ばれるフェローがひとりもいない年もある。

ぼくがオール・ソウルズへの出願を求められた話をすることで、つかのまの自己満足にひたるのをお許し願いたい（今も証拠の手紙をとってある）。そして、学部の最終試験で第一級をとった学生なら誰でも受験の誘いを受けるのが通例という話をすることで、自慢話がたちまち尻すぼみになるのもお許し願いたい。ぼくは声をかけられた数百人の学生のひとりにすぎなかった。

ありていに言うと、ぼくは〝世界最高難度の試験〟とも言われる入試になど、挑んでみることすらむだだと即座に判断した。歴史の筆記試験でも——ぼくがうまくやれたかもしれない試験でも——人を寄せつけないもののようだった。そのほかの試験にいたっては、ぼくには手も足も出ないしろもの。第二言語の文章を初見で翻訳する問題もあるはずで、そんなことは当時のぼくには単純に不可能だった。悪名高き自由形式の論文もあって、受験者は毎年変わるたったひとつの単語をテーマに書かなくてはならなかった（例えば〝潔白〟、〝斬新〟、〝混沌〟など）。この論文試験は二〇一〇年に廃止されたが、この〝お題〟で自分が何年に出願したかを特定できたので、残念な話だ（ぼくが一九九二年に出願していたら、〝幻想〟年度の受験生になったはずだ）。

毎年の志願者は五〇～一〇〇人のあいだで、そのうちのわずかな人数が次の〝口頭試問〟に進む——出席可能なフェロー全員（通常は五〇名ほど）を前に行われる面接試験だ。以前はこの〝最終選考〟はフェローたちとのフォーマル・ディナーと言われていて、最終選考に残った志願者がよい仲間となってなじめるか……そしてテーブル・マナーを知っているかを精査されるそうだった。どの皿にどのフォークを使うかというだけではない。チエリー・パイを出して、志願者が口のなかの種《たね》の処理のしかたを知っているかどうかを調べる、という話もあった。

　ぼくは別の話も——真偽のほどはわからないけれど——覚えていて、ある受験者が〝好感度の高い服装〟をしようと、履き慣らしていない新しい靴で最終選考に臨み、ディナーの最中に足を楽にしようとひそかに脱いだという。そしてディナーの終わりにそっと履き直そうとして、靴がないという恐るべき事態を知った。靴を脱いだことに別の志願者が気づいて、テーブルの向こうへ蹴り飛ばしていたのだ。そのおかげで、本来は優秀そのものであるはずの人物が、テーブルの下にもぐりこんで靴を探すはめになり、フェローたちの面前で恥をかいてチャンスを台なしにしたそうだ。競争相手による非情な仕打ちだが、合格で得られるものがあまりにも魅力的なので、信じがたい話ではない。

　このディナーも今は廃止されたのは、カレッジ側が〝誤解〟を招くと考えているからだ。カレッジ側の言い分では、ディナーは入試の一部ではなく、最終選考に残った志願者への慰労会だった。とはいえ、ワインをらっぱ飲みしたり、ディナーのあいだに酔っぱらって寝落ちしたり……あるいは靴を探してテーブルの下を這いずり回ったりした志願者を選んだとは考えにくい。

　合格するとフェローの地位が七年間、固定給付きで得られ、その間にうまくいけば、時間の余裕を持って博士号を目指し、学位論文の書籍化を図り、新しい研究プロジェクトを立ち上げるなどの活動ができる。その間ずっと、カレッジ内の無料の部屋と満足のいく食事が保障され、学内の一流の学者と交流する機会を持てる。とはいえ、二年後には別の――マスコミ、政治、行政などの――キャリアを積むことにしてもいいし、固定給は減額されるものの、そのままフェローとしてとどまることもでき、必要であればカレッジ内に部屋を与えられる。恵まれた学究生活ができるだけでなく、さまざまな職業で成功するための土台を与えられるのも、オール・ソウルズのフェローの特徴なのだ。

このカレッジのフェローでいちばん有名なのは、クリストファー・レンではないだろうか（オール・ソウルズの主たる中庭の日時計は、レンの設計だ）。別の伝説の人物としては、軍人、外交官、作家の（アラビアのロレンスとして知られる）T・E・ロレンスがいて、著書の『知恵の七柱』はオール・ソウルズのフェロー時代の産物だ。

ぼくがオックスフォード時代に読んだ本のうち三冊の著者も、オール・ソウルズのフェローだった。スペイン史の研究者のレイモンド・カー、古代ギリシアについて幅広い著作のあるサイモン・ホーンブロワー、そしてレシェク・コワコフスキの『マルクス主義の本流』全三巻は、マルクス思想についての最も信頼できる名著だった。コワコフスキによるレフ・トロツキーの詳細な分析の、抜群の明快さをぼくは今も覚えていて、いまだに世の多くの人が〝失われた指導者〟、革命のロマンチックな英雄と思っている人物の、残忍性と散漫な思考を明らかにしていた。

調べていて、今になって知っておもしろく思ったのだが、サッチャー時代の保守党の幹部にもオール・ソウルズの元フェローがいた。キース・ジョセフ（教育科学相）、ウィリアム・ウォルドグレイヴ（保健相）、クィンティン・ホッグ（大法官）だ。ぼくのオックスフォード時代に、労働党の政治家のほうが学業成績で勝っていたことに気づいた話を、八章に書いている。つけ加えると、ぼくらがそういう政治家たちの第一級《ファースト》や二冠《ダブル・ファースト》に気づいたのは、彼らが非凡ではありながら〝理解の範疇〟にあったからだ。一方で、オール・ソウルズのフェロー資格はぼくらの想像をはるかに超えたものだったので、当時は認識されなかったのだ。

オール・ソウルズのシステムが、完璧とは言えないのは確かだ。一部のフェローはその後、際立った業績を残していない。

ぼくの友人で、オール・ソウルズの筆記試験に通ったが口頭試問（またはディナー？）で不合格になった人物がいる。そのジェラード・キョーンに出会ったのは大学卒業後、神戸でともに日本語を学んだときだったが、ジェラードは大学に戻って博士号を取り、アイルランドの外務省に入った。日本のアイルランド大使館で副大使を務め、現在は駐ポーランド大使。ぼくの知人としては唯一、世界に冠たる学術出版社であるオックスフォード大学出版局から著書を出している。

こんなふうになんらかの分野での影響力の大きさを評価される知人がいるのは、あくまでも他人の栄誉とはいえ、とても光栄だ。その本は一九一九年（つまりアイルランドの独立がイギリスに認められる前）以降のアイルランドの外交政策についての、ジェラードの博士論文をもとにしている。ジェラードなら理想のオール・ソウルズ人になっただろうに。才気煥発な学者というだけでなく、公職の経験もある人物として。

オール・ソウルズのことを考えると、ぼくがオックスフォードで知った現実が頭に浮かぶ。ぼくがオックスフォードに入れたのは少し頭がよかったからだが、大学にはぼくよりもはるかに頭の切れる人たちがいたのだった。

Chapter 16 オックスフォード語ミニ辞典

数々の組織に独自の語彙が発達していて、長い歴史と内向きの性向（つまり、自分たちは特別という意識）のある組織では特にそうだ。オックスフォードにも、ほかでは使われていない用語が幅広く存在し、そういう用語から大学やその歴史についての何かがうかがえそうだ。

オックスフォードは往々にして、既存の言葉を別の意味で使う（ふつうの人の感覚で言うと、言葉の使いかたが〝誤っている〟）。例えば〝スポンサー〟(sponsor）の意味は通常、資金援助をする個人や企業のことだ。むかし母に、ぼくの〝スポンサー〟から手紙が来たと話したときに、母がひどく喜んで驚いていたことを覚えている。オックスフォードで〝スポンサー〟とは単に、新入生のちょっとした相談係を引き受けた在校生（たいていは同じ専攻の学生）のことだと説明すると、母はあまり大喜びしてくれなかった。

相談係の仕事はふつう月並みな励ましの言葉や助言をまじえた歓迎の手紙を書くこと、そして入学初日の新入生に会ってカレッジをざっと案内することだ。この〝相談係と相談する側〟の関係は、ほぼ間違いなくそこで終わる。とはいえ、自分だけのちゃんとしたおとなの在校生が到着を待っていることがわかっていると、緊張気味の新入生にとっては心強いだろう。

友人のスティーヴンは、相談係からすばらしい助言を与えられた。それは、例えばホットサンドメーカーを持参すること、そうすればみんなが自分の部屋に来たがって、友だちが増えるからだった。だが、そうそういい話ばかりでもなかった。友人のクリスティーンは、入学初日に変人の相談係にカレッジの緑地に連れていかれ、木の枝に逆さまにぶら下がった姿を見せられたことが、いまだに忘れられない。「ぼくらはいつもなら、こういうことは許されていないんだけどね」と相談係が語った。クリスティーンはその台詞の〝ぼくら〟の部分に、とりわけ不安を覚えた。

〝スカウト〟(scout)という言葉にも、通常の意味(スポーツのスカウトマン、斥候兵、ボーイスカウトなど)と、オックスフォードだけの意味がある。〝寮の清掃係〟だ。大半の大学には、学生の部屋の清掃係はいない。学生なら自分で部屋をきちんと整えておくべきだと考えられているらしい。だがオックスフォードでは、〝スカウト〟は伝統的な存在だ。歴史的に見ると、スカウトは〝校僕〟と見なされ、（『ダウントン・アビー』に出てくるような）貴族の田舎の大邸宅にいる下僕と同じような役割を果たし、何世紀ものあいだオックスフォードの学生といえば、使用人がいることに慣れている貴族か富豪の息子が圧倒的に多かったのだから、これは驚くに値しない。

一九世紀の大学の華やかなりしころには、スカウトは学生を起こし、暖炉の火をつけ、紅茶を運び、靴を磨いていた。よぶんな報酬が必要な仕事もあった。有名なところでは、『回想のブライズヘッド』のチャールズが自室に嘔吐されたあとを掃除してもらうために、スカウトのラントに五シリングのチップを置いておく場面がある。

今のスカウトが、学生の嘔吐の清掃を要求されることはないだろう（どれだけ金を積んでも）。だが学生の福利にひと役買っているので、ふつうの清掃係よりも少しだけ担うものが大きい。もし学生が何日も続けて部屋から出ずにいたり、（服を着替えない、一日中眠っているなど）鬱の兆候を見せたり、ドラッグを使っていたりすると、スカウトが気づくことがある。こういう行動の一部は学生がよくやることでもあるので、それが問題かどうかの判断はひと筋縄ではいかない任務とも言える。

ぼくのスカウトは、親しみやすくて心強い人たちだった（今は通常ふたりひと組で働き、ほとんどが女性だ）。起こされたくない場合は、ごみ箱を部屋の外に出しておけば空《から》にしてくれるが、ぼくのスカウトは週に二、三回以上そういうことをすると機嫌を損ねた。ぼくの記憶では、だらしない女子学生よりも、汚し屋の男子学生に対してはるかに寛容だった。もうひとつぼくのスカウトについて覚えているのは、ぼくが一年めに暮らした寮に幽霊が出るという話を信じて……カレッジのお偉がたに対策を講じるよう訴えたことだ（結局ふたりは別の寮に配置換えになったけれど、偶然ぼくは三年めにもその寮で暮らすことになったので、カレッジで暮らした計二年のあいだ、同じスカウトのお世話になった）。

〝道徳《モラル》チューター〟（moral tutor）という言葉には、学生に婚前交渉を控えさせたり、飲酒をやめさせたりする任務を負う者という響きがあるかもしれない。実際には、学生の福利や学業の進捗に配慮する、一種の監督役のチューターのことだった。九章に書いたけれど、ぼくは大学側がぼくのようなあまり恵まれた生い立ちではない学生をもっと指導してほしかった。だからといって、ぼくのモラル・チューターが与えてくれた、ポジティヴそのものの多大な影響を軽んじるつもりはない。ぼくは大学になじむのにいくらかむずかしさを覚え、数々の機会を逸した。けれど、モラル・チューターのジーン・ダンバビン先生がいなかったら、はるかにひどいことになっていただろう。

先生は学期ごとの成績評価の際に、有益な指導と励ましを……そして少なくとも一回は、警告を与えてくれた。自宅の中世のコテージでのすてきな昼食に、学生を何人か招いてもくれた（ぼくは昔ながらの低い梁《はり》に、したたか頭をぶつけた）。学生時代のいちばんいい思い出に挙げられるのが、先生の夫の所属カレッジであるセント・エドマンド・ホールの敷地内の、元教会の墓地でのにぎやかなカクテル・パーティーだ。夫君は、おそらく全学で最もうらやましがられる場所に研究室を持っていた。元教会の一四世紀の塔のてっぺんに。夫妻はともに優れた歴史学者だったけれど、ぼくは先生が専門とする時代は学ばなかったので、モラル・チューターとしての姿しか知らなかった。ぼくにとって先生は、威厳を保ちながらもすばらしく温かみも感じさせるという、まれな能力に恵まれた人だった。一緒にいるとくつろいだ気持ちになって、気兼ねなく話ができた。

ダンバビン先生は、実用的で貴重なアドバイスもしてくれた。学期の終了後、勉強のために寮に数日間居残る場合は、そのぶんの寮費と食事代を返金してもらえることを教えてくれたのも先生だった。これは〝勉学補助金〟と呼ばれ、ダンバビン先生の承認があればもらえたのだけれど、ぼくはどういうわけか先生に促されるまで知らなかった。また、ぼくの推薦状も書いてくれて、ぼくが日本で応募した仕事に就けずにどれだけがっかりしたかを知っていた。なんと先生は職務に忙殺される身でありながらも、そのことを覚えていて、のちに神戸で日本語を学ぶための奨学金を出している学校について知らせるメモを渡してくれた。先生はそうすることで、ぼくの人生を確実に変えた。

オックスフォードには、学生に対する懲戒処分がある。最悪なのは〝セント・ダウン〟(sent down)、放校処分だ。この用語には、三〇年ほど経った今でも背筋が凍る。同じカレッジの同学年の三名が、この処分を受けた。ひとりは学業成績がひどかったから（別の大学で勉強を再開した）、ひとりは深刻な不正行為、もうひとりはこのふたつが重なったからだった。

〝コレクションズ〟(collections) を受けるはめになる場合もある。成績の芳しくない学生への、懲罰としての試験だった。〝コレクションズ〟でもひどい成績だと、大学に残れるかどうか怪しくなるとされていた。妙な話だが、大半の学生も各学期の始まりに〝コレクションズ〟と呼ばれる定期試験を受けた。ぼくの時代には、チューターはこの試験の答案はまともに読まないというのが定説だった。長い休暇明けに学生の頭を勉強モードに戻すための試験だ、と。

〝ラスティケーション〟(rustication) は――一年間の停学処分は――きびしい処罰、またはありがたい救済措置だった。例えば、病気や両親の離婚による心身の不調などで、かなり後れを取ってしまった学生を救う処分でもあった。だが、単に怠けすぎだった学生にとっては、友人や大学生活から引き離されて両親のもとに送り返されるという災厄だった。

ぼくの同居人だった学生がこの処分を受けて、学部三年めのオックスフォード生からベーグル店のアルバイト店員に転落したのは、小論文の締め切り地獄のあいだも友人と出歩く誘惑に勝てなかったからだった（このお仕置きは効いたと見えて、ぼくらよりも一年遅れでなんとか卒業した）。

セント・アンズの同学年の別の学生は、脚を骨折して〝停学〟になった。骨折で学業に支障があったわけではないけれど、ラグビーのケンブリッジ対抗戦で代表選手を務める機会を失った。そのままいけば脚が癒える前に卒業の予定だったので、競技上の理由で〝停学〟となったわけだ。

〝ゲイティッド〟（gated）という処分もあって、カレッジからの外出の禁止を意味した。この〝禁足処分〟を受けた学生は、講義などのための昼間の外出は許されるが、夕方にはカレッジに戻ることになっていて、カレッジのバーには出入り禁止だった。ある友人は酒に酔ったうえでの愚行により、二週間の禁足処分を受けた（そして高額の罰金も科された）。友人はその機会を最大限に利用してカレッジの図書館でアルバイトをした。そうすれば自分がカレッジにいることが証明できたし、少しはとんでもない罰金の支払いの足しにもなった。オックスフォードの学生は、愚かなことをしでかしても、頭は切れるのだ。

幸い知人の誰も〝ブルドッグ〟（Bulldog）に、すなわち大学の警察に目をつけられることはなかった。〝ブルドッグ〟は山高帽にダークスーツという独特の制服で、私設警察隊として活動し、内務省の管轄外にあって、ふつうの警察とは別の存在だった。今は（二〇〇三年以降は）逮捕の権限のある警察部隊ではなくなったが、学生監補佐として、現在も警備業務を担っている。

英文法では、首都には〝上《のぼ》る〟（go up）し、南から北へ移動する場合も〝上る〟。イングランド北部から南のロンドンに〝上る〟のか、（ロンドンは南方だから）〝下る〟（go down）のかは、意見の分かれるところだ。北部の人はロンドンに〝下る〟と言うことが多いけれど、鉄道ファンなら北部からロンドン行きの列車が〝上り〟電車だと知っているだろう。

ところがオックスフォードの伝統にのっとるなら、在校生であればロンドンから来ようが北部のニューカッスルから移動してこようが、オックスフォードにはかならず〝上る〟。学期の終わりにオックスフォードを離れる場合は〝下る〟だ（同様に、オックスフォードからの放校は〝セント・ダウン〟〈sent down〉であり、〝セント・アウェイ〟〈sent away〉とは言わない）。こういう言葉の使いかたを見ても、オックスフォードはみずからを頂点に位置づけているようだ。

ケンブリッジ大学でも同じ使いかたをする。ケンブリッジ市出身のオックスフォード大学で学ぶ学生は、オックスフォードに〝上る〟わけだが、オックスフォード市出身のケンブリッジ生に出会ったら、その学生はオックスフォードからケンブリッジには〝上る〟のだと、自分に劣らず強く信じている。

〝ラスティケーション〟という言葉にも、もともとは〝田舎へ戻ること〟という意味がある。つまり、学びと文化の場であるオックスフォードから離れることを感じさせる。ロンドン出身の学生にこの言葉を使うのはちょっと変かもしれないが、オックスフォードはみずからを森羅万象の中心に位置づけているのだ。

オックスフォード独自の、昔からの呼びかたをするものがいくつかある。口頭試問はラテン語で〝ヴィーウァ・ウォーチェ〟（viva voce）と呼ばれる。行われるのはめずらしいが、例えば筆記試験の成績が段階評価の上か下か微妙な場合に課される。そして〝ヴィーウァ〟の出来がよければ、上の評価が得られる。めったにないことだが、〝ヴィーウァ〟に呼ばれても、試験官がなんの質問もしない場合もある。筆記試験の抜きん出た成績に拍手を送るために呼ぶのだ。作家のマーティン・エイミスは、このオックスフォード特有の〝めでたき第一級〟（congratulatory first）と呼ばれる栄誉を授けられた。

学生がごくまれに〝イーグロウタット〟（aegrotat）を与えられることもあって、これは最終試験を受けなかった学生用の学位だ。学位を取ってもおかしくないくらいチューターからの評価が高かったのに、試験を受けられなくて当然の理由があって欠席した場合だ。

理由は明らかだが、適用の条件はかなりきびしかった。ひどい風邪くらいでは認められない。最終試験の数日前に、自動車事故で両親を亡くした場合は適用されそうだ。

オックスフォードの学生は、一年めか二年めに〝モッズ〟(mods：第一次学士試験〈honour moderations〉、別名〝プリーリムズ〟(prelims：予備試験〈preliminary examinations〉)を受ける。ほかの大学はどこもこういう用語は使っておらず、オックスフォードの学生でさえ、どの専攻がどちらの言葉を使うのか覚えていない(理屈にかなった区別はなく、実質的な違いもない)。ぼくの専攻を含め、たいがいは〝モッズ〟だ。

学期は一年間で三学期ある。第一学期は〝ミカルマス〟(Michaelmas)、第二学期は〝ヒラリー〟(Hilary)、第三学期は〝トリニティ〟(Trinity)。こういう呼び名もまた、ほかの大学には見られない(ケンブリッジも〝ミカルマス〟を使うけれど)。各学期は一〇月、一月、四月からの八週間ずつ。他大学だと各学期は一〇週間だから、オックスフォードでの学生生活がひどくあわただしく感じられる理由がここにもある。ふしぎな話だが、オックスフォードの学部生は通常、大学への在籍期間ほどは大学ですごしていない。

だから当然、〝ヴァク〟(vac：vacation)の過ごしかたはとてもだいじだった。大学生の休みは〝休暇《ホリデイ》〟(holiday)とは言わないことになっている。ぼくは二年めと三年めのあいだの長い夏休みはずっと、猛烈に本を読んですごした。気が緩んでいた二年めにやっていなかったぶんを埋め合わせたのだ。小論文の締め切りや、球蹴りや、芝生での友人とのチェスなどの気を散らすものがあっては不可能なくらい、勉強に没頭した。

最終試験前の最後の〝ヴァク〟は、ほかの学生が必死の猛勉強をする一方で、ぼくはあえて二週間のデンマークへの休暇旅行に出かけた。この行動はジーン・ダンバビン先生からも、ピーター・ディロー先生からも後押しされた。ときには心を休める時間も必要なのだ。この充電期間のおかげで、最後の追い込みへの準備が整った。

学生は大学に落ちついて、チューターに会って第一週の課題を話し合うなどするために、学期が始まる数日前にカレッジに戻るのが通例だ。この期間は〝第零週〟(noughth week)と呼ばれる。学期の終了後に数日間居残るなら、それは〝第九週〟にあたる。ただし学期は八週間だ。

学生はカレッジに各種の費用を払い、そういう費用を〝学寮費〟(battels)と呼ぶ。カレッジにはディスコもあるが、ただしオックスフォードではかならず〝ボップ〟(bop)と呼ばれる。スポーツのカレッジ対抗戦は(優勝カップの争奪戦だから)〝カッパーズ〟(cuppers)。〝エイツ・ウィーク〟(115ページを参照)で自分のボートが期間中に毎日〝衝突《バンプ》〟に成功すれば、〝ブレイズ〟(blades)の栄誉を獲得する(チームメイトと敵チームの名前、開催年月日が記された記念のオール、つまり〝ブレード〟〈blade〉を購入する権利も得られる）。これはお金もかかるし、自慢にとられるから〝ボーティ〟（boatie：ボートマニア）しかやらないことだ。

イギリスの学生は自動的に全国学生連盟（ＮＵＳ）に登録され、大半の大学では学生運動はＮＵＳ内で起きる。だがオックスフォードでは、ＮＵＳはより由緒ある既存の組織に押されて、ほぼ無用の存在と化している。政界入りをめざすオックスフォード生であれば、有名なディベート・クラブの〈オックスフォード・ユニオン・ソサエティ〉に引かれるだろう。オックスフォードのカレッジには、現実的、局地的な問題を扱う〝ジュニア・コモン・ルーム〟（ＪＣＲ）がある。ほかにＭＣＲ（大学院生用の〝ミドル・コモン・ルーム〟）、ＳＣＲ（チューター用の〝シニア・コモン・ルーム〟）もある。

ＪＣＲは、学部生の案件を扱う一次機構だ。選挙で選ばれるさまざまな役職があって、いちばん偉いのは会長。もっと重要な役職は（〝ボップ〟などを束ねる）娯楽担当長。だがぼくらにとっては両者とも、バー担当者ほど重要ではなかった。

どのカレッジにも独自のバーがあり、もっと正確に言うと各カレッジの学部生には自分のバーがあった。カレッジのバーにはそれぞれの雰囲気があって、洗練の度合いもさまざまだ。一部のカレッジはバーの運営を外部のマネージャーに委託しているけれど、ぼくの時代のセント・アンズのバーは、学生が仕切っていた。ほぼ報われない仕事だった。発注、受取り、ビールサーバーの洗浄、（ささやかな賃金で働く学生の）スタッフのシフト表づくり。だが、いささかの敬意もいだかれていた。バー担当長からお行儀よくしろと注意されたら、相手はバーではただの学生ではなく担当長なのだから、従って当然だった。バー担当長は奉仕への報いとして、ビールをただで飲んでよいことになっていた。

　カレッジのバーが学生たちにとってもとんでもなく安かったのは、ＪＣＲが公認の慈善団体だから（つまり税金を払わなくていい）、そしてビール会社がほぼ原価でビールを提供したからだ。要は、卒業後も一生その会社のビールに忠義を尽くすことを期待されていたわけだ。セント・アンズのバーにビールを提供していたのは、ラドルズ社だった。ぼくは喜んでこの会社のビールを心から推奨する。〈ラドルズ・カウンティ〉はのど越しのいい、おいしいビールだ。

　ぼくは日本に来たときに、学生用のバーがないと知って愕然とした。日本の学生寮に消灯時刻があることと同じくらい、驚きの事実。ぼくにとってはまさかの事態だった。あとから考えれば、イギリスの一八歳から二二歳の学生が自分たちの店舗の運営を任されていたこと、おおむねうまく運営していたことこそ驚きなのだけれど。少しばかり雑然としていて、ばか騒ぎが過ぎるときもあったけれど、少なくともまともなバーの条件はちゃんと満たしていた。つまり、女性のおひとりさまが気軽に足を踏み入れられる場所だったのだ。

オックスフォードを訪ねてきた故郷の友人が、カレッジのバーで飲みすぎたことがあった（安価なビールに興奮しすぎたせいだ）。その夜、だれかが男性用トイレに吐しゃ物をまき散らした。当然ながら、酔っ払った外部の人間であるぼくの友人のしわざだと思われてしまった。友人はぼくの〝客人〟だったので、ぼくがトイレ掃除をしなくてはならなかったことを覚えている。たとえ友人が犯人ではないという確信があろうともだ。不当な仕打ちとも言えたが、ぼくとしてはそれがぼくらのバーであり、存在自体うれしかったし、自分たちで面倒を見なくてはならないのだから、お安い御用だと思った。

カレッジのバーでは〝ハックされる〟（be hacked）かもしれない。ＪＣＲや〈オックスフォード・ユニオン・ソサエティ〉の役職に立候補する学生がバーにやって来て、集票活動をすることだ。これはひんしゅくを買う行為だった。ダニー・アレクサンダーという学生がＪＣＲの副会長に立候補したときに、ぼくのところにも票集めに来たことを覚えている。うんざりしたぼくは対立候補に投票し、友人たちにもそうするよう勧めた。アレクサンダーは僅差で敗れたけれど、政治生命は断たれなかった（このうっとうしい選挙屋は、二〇一〇年から二〇一五年までイギリスの財務担当相を務めた）。

ＪＣＲはバーのとなりで、営業時間内にスナックや紅茶を買える〝売店《バタリー》〟（buttery）も経営し、テレビ室も持っていて（学生はほぼ全員、自室にテレビがなかった）、新聞で満杯の部屋も運営していた（学生はただで新聞が読めた）。

一部のカレッジは正式名称ではなく、ニックネームで呼ばれることが多い。セント・エドマンド・ホールは親しみを込めて〝テディ・ホール〟と呼ばれる。レディ・マーガレット・ホールはそっけなく〝LMH〟。セント・キャサリンズが広く〝キャッツ〟と呼ばれるのに対し、ぼくのいたセント・アンズは〝スタンズ〟だ（こう呼ぶのは、ほとんどがセント・アンズの学生と卒業生なのだが）。ユニヴァーシティ・カレッジは通常〝ユニブ〟と呼ばれ、〝大学《ユニヴァーシティ》〟と区別するのに便利だ。いちばん奇妙なニックネームはおそらく〝家《ハウス》〟で、これはクライスト・チャーチのこと。クライスト・チャーチはラテン語で〝アエデス・クリスティ〟、直訳すると〝キリストの家〟だ。

オックスフォード語ではラテン語が多用されることにお気づきだろう。だから当然、ラテン語を使う科目にもラテン語の名前がある。古典はオックスフォードでは多くの人から〝要の科目《グレイツ》〟（Greats）とも呼ばれるが（第四章を参照）、もともとの名前は〝人文学《リタライ・ヒューマニオーレイス》〟（Literae Humaniores）、あるいは短く〝リト・ハム〟（Lit Hum）だ。専攻ひとつに名前が四つとは！

〝リタライ・ヒューマニオーレイス〟は〝人間的学識〟という意味で、神性ではなく人間性に関する研究を意味する。これは〝リト・ハム〟が始まるまでは、オックスフォードでの専攻が神学しかなかったことに由来する。

こんなふうに、習得しなくてはならなかったオックスフォード特有の用語がたくさんある。幸い、学生が本能的にわかるものとは期待されていなかった。最近、学生時代の〝オックスフォード大学手帳・一九八九年度版〟を見つけたのだが、その冒頭部分はここに挙げた言葉などの、便利なオックスフォード語をおさめた用語辞典だった。

Chapter 17 変わりゆくオックスフォード

オックスフォード大学はかなり伝統を重んじる機関だが、八百年余の歴史を通じて、確かに変化と発展を遂げてきている。

例えばこの一〇〇年のあいだに、女子学生が大学から学位を受けることが認められた（一九二〇年のことだ）。そこに至るまでの数十年間、女子学生はオックスフォードで学び、試験を受けることはできたものの、正式な学生ではなかったので――奇妙な話だが――特別措置として、ダブリン大学から〝同等の〟学位を授与されていた。ある世代の女子学生たちはオックスフォードで何年か学び、試験に合格したあと船でアイルランドに渡って、おそらく一度も訪れたことのない大学から学位を受け取ったと思うと、ふしぎな気がする。

一九五九年になってようやく、（ぼくのセント・アンズを含む）女子用のカレッジが大学から正式なカレッジと認められた。一九七四年までのカレッジは、（大半が）男子のみ、または（五カレッジが）女子のみのいずれかだった。以降の年月のあいだに、どのカレッジも男女共学になった。

ぼくがオックスフォード生だったころは、女子のみのカレッジがまだふたつあったけれど、男子のみのカレッジはなかった。女子専用カレッジの存続に賛成派の意見は、大学が学部生の男女の数でさらなる平等を達成するまでは意味がある、というものだった。最後の女子用カレッジのセント・ヒルダズが男子学生の受け入れを始めたのは、二〇〇八年のこと。現在の学内の男女比は、五三対四七だ。

ここまで時間を要したかもしれないが——それに、まだ完全に同等とは言えないが——一九世紀後半まではずっと男性ばかりだったことを思えば、明らかな進展だ。東京大学が似たような時間をかけて、ようやく八〇対二〇（正確にはこの数値にも達していない）の男女比を達成したにすぎないという事実を、ふつうのイギリス人に教えたら、信じられないと感じるだろう。今のイギリスの公的資金を交付される施設では、そんな事態が続くのはおよそ許されることではない。特に、社会の上層への入り口と目される機関においては。

オックスフォードの起源は複数の宗教学者の集合体だったので、もともとの全員が男性というありかたは、キリスト教会の男性偏重を反映したものだった。オックスフォード最古のユニヴァーシティ・カレッジは、創設から数百年のあいだ専攻科目が神学だけだった。

試験会場に掲げられたオックスフォードの校訓。確かに神のご加護が必要な場所

一九世紀半ばまでは、オックスフォードの卒業生のほぼ半数が英国国教会の仕事に就いていた。オックスフォードの校訓――主は我が光《ドミヌス・イルミナーティオ・メア》――はイエスを称えるもので、キリスト教色が明らかだ。

一九世紀の半ばごろにやっと、学究機関の方向へしっかりと舵を切る改革の一環として、大学が非キリスト教徒の学生の受け入れについての規制を緩め始めた。長州五傑がロンドン大学で学んだのは、当時（一八六三年）はオックスフォードもケンブリッジも異教徒の学生を歓迎しなかったからだと言われている。そういう規制は、例えばユダヤ教徒のイギリス人学生にも適用された。

現在のオックスフォードは、どんな宗教の学生にも門戸を開いているが、じつは今でも学内に六つのキリスト教系の学術組織が存在する。これはパーマネント・プライベート・ホール（ＰＰＨ）として知られ、正式なカレッジとは認められていない。少人数の学部生と大学院生を受け入れ、学生の大半が神学を学ぶ。ところがＰＰＨのうちふたつ（バプテストとカトリック）は、その組織の宗教を信仰する学生なら、神学以外の専攻でも、限られた数ながら受け入れている。だからカレッジに入らなくてもオックスフォードの、例えば歴史学の学位を取ることは可能だが、そういう学生は一〇〇人にわずかひとりの割合だ。

ぼくと同時期にオックスフォードに出願していた友人が、たまたまカトリック系のＰＰＨの面接に呼ばれたことがあった。おそらく友人が最初に出願していたカレッジが、友人にはオックスフォードで学ぶ資質はあるけれど、友人よりもわずかに優秀な受験生がほかにいると判断した、というのがことの真相だろう。そうして友人がカトリック系の学校に通っていることに気づいて、ＰＰＨに連絡したのだ。友人は結局、そのカレッジにもＰＰＨにも入学を許可されなかった。ぼくは選考過程の内情に通じているわけではないけれど、想像するに、ＰＰＨは友人の学力ではなく、カトリック教徒の度合いが足りないので不合格にしたのではなかろうか（ぼくらはカトリック系の学校に通ったけれど、ふたりとも熱烈な信者ではなかった）。友人がもっと信仰に熱心だったら、今ごろはオックスフォードの学位を持っていたかもしれない。

学内のほぼ半数のカレッジ（コーパス・クリスティ、モードリン、トリニティ、セント・ジョンズなど）に宗教がらみの名前がついているという事実からも、宗教的な側面のある大学であることは明らかだ。今はオリオルと呼んでいるカレッジも、名称に〈ザ・ハウス・オブ・ザ・ブレシッド・メアリー・ザ・ヴァージン・イン・オックスフォード〉（オックスフォードの聖母マリアの家）という一節が含まれている。ぼくのいたセント・アンズは、聖母マリアの母（つまりイエスの祖母）にちなんだ名前だ。三八中三六のカレッジに礼拝堂がある（ぼくのセント・アンズは礼拝堂のないカレッジのひとつだった）。ほとんどのカレッジでは、正式なディナーの前に食前の祈りを捧げる。

オックスフォードの卒業生には聖人が一二人いて、そのなかには殉教者聖エドマンド・キャンピオンもいる（ぼくの通ったカトリック系の学校の名前の由来でもある）。オックスフォードの空の風景を眺めると、宗教的な建物が目立つだろう。

こんなふうに、オックスフォードの創設とキリスト教との強い結びつきは今なおはっきりしているけれど、どんな宗教の学生にも開かれた学府という方向へと、急激に変わってきている。

Chapter 18 そして、オックスフォード生は今……

ぼくが学生だったとき以来、オックスフォードでの生活に、ある急激な変化が起きていて、そのことが気がかりでならない。

ぼくの学生時代には、イギリス人の学部生は学費を一切払っていなかった。寮費や生活費など、カレッジには一学期に数百ポンドの費用を払ったけれど、授業料はイギリス政府が支払った（つまり、税金から支払われた）。これはオックスフォードだけでなく、国内の他大学も同じだった。

二〇一七年以降、オックスフォードで学ぶには年間九二五〇ポンド（約一四〇万円）かかる。昔とはたいへんな差だが、変化の全容はこれだけではない。

ぼくのころは、低所得者層の子女は年間上限二〇〇〇ポンドの生活補助金をもらえた。ぼくが地方自治体から満額を支給されたのは、父が業務上の大事故で営業を数年間停止せざるをえなかったからだ。そんなわけで、ぼくは実質的には資金をもらいながらオックスフォードで学んだ。

二〇〇〇ポンドは大金ではないけれど、まさかと思われるだろうが、ぎりぎり暮らしていける額だった。ぼくは大半の学生と同じくつましく暮らし、生活費は安くあがった。

必要な書籍はすべて借りられたので、買わずにすんだ。二年間はカレッジの安価な寮で暮らし、一年間だけ部屋を借りればよかった（ぼくの場合、賃料は月に約一五〇ポンド）。カレッジのバーのビールは一杯一ポンド足らず。ダイニング・ホールの食事もとても安かった。ぼくはティーバッグを二度使い、必要量を超えるお湯を沸かさない技を身につけた（自室で電気を使うにはメーターに五〇ペンス硬貨を投入しなくてはならなかったので、やかんいっぱいの水を沸かすのにどれくらい電気が必要なのかを書き留めた）。それでもアイルランドに数回出かける余裕があったし、東欧にも一度休暇で訪れ、デンマークにもすばらしい旅をした。

ぼくの大学時代に、政府が学生への援助を制限し始めた。大学の一年めまでは、学生は夏期休暇のあいだ失業給付金を申請できていたが、それができなくなった。これに加えて賃貸物件に住む学生のための〝住宅手当〟も廃止された（つまり、それまでは学生が低収入の国民であるかのように、賃料に補助金が出ていた）。ついには二〇〇〇ポンドの〝生活補助金〟の額も固定されて、毎年のインフレに応じて額が上がることがなくなった。従って、学生にとっての価値は（あるいは政府にとっての〝コスト〟は）だんだん下がっていく。

学生への経済支援の縮小を補うために、ぼくが二年めのときに学資ローンが初めて導入され、年間数百ポンドの借り入れが（とても有利な条件で）できた。ぼくが学資ローンについて詳しく調べて限度額まで借りたのは、利率がとても低く、返済の開始がずっと先なので、借りずにおく手はなかったからだ。ぼくは借りた金を、ローンの利子よりも高い利息を払ってくれる銀行口座に突っ込み――そのまま置いておいた。かくしてぼくは、借りた額を超える金を銀行に預けた状態で大学を出た。

ぼくらは学生の福利のこういう変化に憤慨し、抗議した。これは手始めにすぎないと思い、その予感はほぼ正しかった。ただし、正確にはまだ羽でくすぐられている程度ということはわかっていなかった……次の世代の学生たちは、大きなハンマーで殴られることになったのだから。

今の学生は通常、五万ポンド（約七五〇〇万円）を超える借金を背負ったまま大学を卒業する。

四年間の課程を取れば、当然もっと借金が増える。生活補助金は一切なし（二〇一五年に廃止され、さらなる学資ローンに取って代わられた）。オックスフォードには、低所得者層の学生向けの奨学金がわずかながらあるものの、年間の学費を部分的にすらまかなえない額だ。学費は一九九八年に導入された当時は一〇〇〇ポンドだったのが、二〇〇六年には三〇〇〇ポンドに上がり、二〇一二年には九〇〇〇ポンドにまで跳ね上がった。これはあらましにすぎないが、確実に言えることがある。今はオックスフォードで学ぼうとすると、たいへんな借金を背負いこんでしまう（親が学費を払うことはめったにない。たとえ裕福な家庭でも）。

学資ローンの条件もひどいものだ。利率の上限は〝小売物価指数＋三パーセントポイント〟。ということは、多くの卒業生の借金はいま、年に六・一パーセントというとてつもない率で増えていく。政府による利率の低いローンとはほど遠く、多くの商業銀行が個人ローンや住宅ローンに設定する利率よりも高い。言い換えれば、多くの人が利子だけで年間二〇〇〇～三〇〇〇ポンドも借金が増えるはめになるわけだ。ぼくが学資ローンを使って小金を〝稼げた〟時代とは雲泥の差だ。ぼくの記憶が正しければ、当時の学資ローンの利子はコア物価インフレ率と同じで、たいがい小売物価指数よりも低く、利率の上乗せもなかった。

正直言って、ぼくは今の学生よりもずっと有利な条件だったことが恥ずかしい。きっと不愉快だろうから、今の学生に昔の話はしないようにしている。ちょっとばかり早く生まれた人はみんな政府から五万ポンドもらえた、という話を聞かされるも同然なのだから。実際、ほぼそんな状況だった。

むだ遣いをしているように見えるせいで、〝今どきの学生ときたら〟という批判の声があがったりもする。iPhoneにプレイステーション、部屋には薄型テレビ。一部の学生は車も持っている。休暇には費用のかかる旅行にも出る。しじゅう借金に不満を述べながら。ぼくはときどき、学生が三〇ポンドもするデザイナーズもののTシャツを着ている姿に驚いたりする（ぼくらは服にほとんど金をかけなかった）。けれど、学生批判の基本的な前提には賛成しかねる。四万ポンドを優に超える借金を背負いこむことになるのなら、あと数千ポンド借金を増やしても大学生活を満喫するほうがましではないか。ちまちま節約したからといって、借金なしで卒業できるわけでもなし。一八歳のイギリス人はこう言い聞かされる。「借金を作ってもだいじょうぶだ、きみはすばらしい職を得て、返済できるようになるから」。そういう文脈で考えると、今の学生の浪費は理にかなっている。

学資ローンには、ひとつ重要な抜け道がある。借金の全額または一部が帳消しになる可能性があるのだ。ローンの条件はやたらと変更されているが、ふつうは一定の水準の収入を得られるようになるまでは、返済を始めなくていい。収入が基準額を超えると、収入の数パーセントを返済に回し始める。もし病気で働けなくなったら（または死亡すると）、借金は帳消しになる。大学の入学許可から三〇年後に残っている借金も帳消しになる。言い換えれば、多くの学生が借金を全額は返さない。一切返さない者だっている。

こういう条件は、一部の人には労働意欲をそぐものとして作用する。特に金融危機以降、多くの学生は大学を出てすぐには、そこそこの収入の職に就けない。数年間は、返済開始のめやすの収入額（現在は年収二万一〇〇〇ポンド）を下回る仕事をするかもしれない。借金の返済が始まってしまうのに、わざわざ責任が増して労働時間も増えるような職に就く努力をする甲斐はあるのか、と思う人がいてもおかしくない。収入のいい仕事を得ても、通常ほど経済面の向上が期待できないのだから。あるいは、大卒の三〇代女性にとっては、出産後の仕事への復帰をためらわせる一因にもなる。借金が帳消しになる年齢まで復帰を延ばすほうが得策、と考える女性もいるかもしれない。

今盛んに議論されているのが、コストを考えると学位が〝元を取れる〟ものなのかどうかだ。一般論で言うと、オックスフォード出身者は要したコストに見合う、よい就職先を期待できるので、借金を全額返済する。オックスフォードの学位には値段などつけられず、元が取れるかどうかに関わらず価値があると、ぼくは確信している。とはいえ、コストという論点は当を得ている。

例えば工学のような実用的な学位なら、どんな大学のものであれ、ほぼ確実にコストに見合う。医学や法学を学んでそういう分野の職に就く学生であれば、学費にかかった金額に加えて何十万ポンドも現役期間に稼ぐだろう。そういう学生が収入の平均値を上げることで、政府、大学、学校の教師にこう言い切らせてしまう。大卒者は〝全般的に〟背負い込んだ借金をはるかに上回る額を生涯で稼ぐ、大学を出ていない人とくらべてもはるかに稼ぐ、と。だがぼくが思うに、多くの大卒者の収入額はもっとぎりぎりだ。大卒が条件の職が見つからず、高等教育を受けていない人でもできる仕事をする場合も多いだろう。大学での勉強で失われた三年間の収入を計算に入れれば、少なくとも一部の人は、大学に行ったせいでさらに苦しくなるだろう。

ふしぎな話だが、学費が上がる一方で、ランクの低い大学の志願者は減っていない。そんな大学の、就職につながらないような科目をとっている学生は、借金のおおかたを返済する義務が生じるような、高収入の職には就けそうもないと悟る。だから先のことはあまり考えずに、学生時代を仲間とともに満喫できるのだ。

オックスフォードの問題に戻るとしよう。オックスフォードに通うのはいつの時代も誉れだったが、授業料を払う時代にあっては、内在する価値がさらに上がっている。大半の大学の費用が同じ（年間九〇〇〇ポンド）なら、並みの大学に行くよりもトップクラスの大学に行くほうがどう考えてもずっといい。そういう論理は、すべてが無料の時代には必ずしもあてはまらなかった。どの大学もお買い得だった。

ぼくが一九八七年に大学に出願した当時、イギリスの若者で大学に進学するのは全体のおよそ五パーセント。オックスブリッジが〝最高峰〟だったが、どんな大学であれ進学自体が例外的なめずらしいことだった。ところが、あれから大学生の数が急激に増えている。まず一九九二年にポリテクニック（高等専門教育機関）が大学への昇格を許可された。ポリテクニックは高等教育機関のなかでは名門とは言えなかったが、大学との区別が廃止されると、〝大学生〟の数をたちまち倍以上に増やした。続いて、ブレア政権が高等教育を受けた者の数の大幅な拡大を奨励した。今では若者の五〇パーセントが大学に進学するという、ブレア政権の目標に近づいている。

何度も言うようだが、ぼく以前には家族の誰も大学に行っていなかった。けれど、ぼくのあとの十数年のあいだに、ぼくよりもかなり年下のいとこが大学に行き、ぼくよりもかなり年上のいとこの子どもたちも大学に通っている。ぼくという先駆者のあとに、みんなが続いたというわけではなかった。イギリスの教育環境が、ここ何年かで大きく変化したからだった。

当然ながら、そういう流れのせいで授業料が導入された。ごく限られた人しか大学教育を受けなかったころは、政府が授業料を負担できたが、大学生が何十万人も増えていったせいで年々まかなえなくなっていったのだ。

今では若者が大学に通うのはごくふつうのことだ。大学出だからといって特別な存在にはならない。それに、リヴァプール大学がレスター大学よりも優秀かどうか、コヴェントリー大学が科学系に強い大学か、人文科学ではエクセター大学はバース大学よりも優秀なのかなんて、たいがいの人にはわからないだろう。どの大学が元ポリテクニックなのかわからない人もたくさんいる。学位を持つ人はおおぜいいて、一般にはだいたい同じくらいの価値とみなされている。けれど、オックスフォードとケンブリッジがエリート大学であることは、世界の誰もが知っている。だから〝フラット〟な世界のなかで、オックスブリッジがより際立った存在になっている。

授業料についての最後の論点は、借金によって、オックスフォード生が学位を儲かる職業につなげたいという意欲を強烈に持つようになること。稼ぎが多いほど借金の重みが減るのは明らかだ。シティのボンド・トレーダーなら、五万ポンドの借金の利息など小銭と見なすだろう。だが、大半の人にとってはたいへんな額だ。ある意味では最悪の事態とは、借金を全額返済しなくてはならないぎりぎりの額を稼ぐことなのだ。

以前なら、学生はおおよそ似たような境遇で卒業した（二〇〇〇ポンドの借金を背負った友人のことを〝無謀〟と思った覚えがある）。収入はいまひとつでも、やりがいがあったり社会的な価値があったりする仕事に就く自由があった。オックスフォード生の友人のなかには、教師、ソーシャル・ワーカー、フリーランスのジャーナリスト、恵まれない人のための慈善弁護士などになった人がいる。授業料の借金があったら、彼らの選択や生計にどれほど影響を及ぼしたことか。

ある友人は二年間を費やして、小説の執筆に取り組んだ（出版はされなかったが、名作になったかもしれなかった）。南米の村に浄水をもたらすプロジェクトの資金集めをしばらくやっていたこともある。ぼくは一年間かけて日本で日本語を学び、のちにその経験が人生で大きな意味を持つことになった。小説家志望の友人とぼくは、大きな借金を背負っていたらそんな行動はできなかっただろうと、意見が一致した。

もちろん、たくさんの同級生が顧問弁護士や投資銀行のバンカーになった。そういう同級生のなかには、最終学年のときに最高の仕事への就職活動に莫大な時間とエネルギーをつぎ込んだ者もいる。就職活動は〝ミルク・ラウンド〟（大企業が大学に赴いて気楽な会を催し、応募の勧誘をする）に始まり、続いて長丁場になるかもしれない就職活動を、たいがい数多の会社を相手に行うことになる。ひとりの友人の異常な例で言うと、ある一流金融会社の面接を計三五回受けたという。幸い、友人はそこに就職できた。そして億万長者になったけれど、自分の仕事が人間味に欠ける無意味なものに思えるとよく言っていた。

一部の学生は間違いなく、（ぼくの観点からするとオックスフォード生の本分である）勉学への集中と卒業試験の準備よりも、実入りのいい仕事の確保を重視していた。

今はその手の金銭的な見返りのある仕事が、おのずとオックスフォード生の第一志望になるのだろう。学生は学費のための巨額の借金のみならず、現代のイギリスで不動産を買う法外なコストもいずれかかえることになる。さらなるおそろしい借金の山に直面する前から、借金の山にすでに押しつぶされているのだから、できる限り収入のいい職に就くのがいちばん賢い選択と感じるのも無理からぬ話だ。

ぼく自身は、ある世代のずば抜けた人物が、一ペニーでも多く稼ぐことに汲々とするなんてもったいないと感じるのだけれど。

著者あとがき

この本に取り組んでいるあいだ、おかしな考えが頭をよぎり続けた。自分は果物といえばりんごしか知らなかった人に、バナナがどんなものかを説明しているんだ、と。りんごと比較して説明したってまどろっこしいだけだ（「もっと細長くて、丸っこくないんだ。皮ももっと簡単にむけるし、芯もない。種っていうほどのものもなくって……」）。とにかくバナナがどんなものかを説明するほうがいい。

ぼくはこの本で、そういうやりかたをした。ほかの大学のひな型を絶えず引き合いに出すのではなく、もっぱらオックスフォード大学の説明に努めた。結局のところ、オックスフォードはほかのほとんどの大学より何百年も先にできたのだから。そんなわけで、東京大学などとの違いを綿々とつづった本を期待したかたには、お詫びを申し上げる。そういう情報も含まれていると思うけれど、直接的な語りかたはしていない。

この本は、おもに二五年ものの記憶をもとにしている。オックスフォードでの体験があまりにも強烈だったぶん、記憶が今も新鮮に感じられるので、そんなに昔のことだとは思えない。とはいえ、それだけの時間が流れたのだから、当時のできごとを何もかも余すところなく正確に覚えてはいられない。例えば、本文中の会話が一言一句そのままというわけにはいかないだろう。

ぼくは一度ならず、事実とは異なることを危うく書きそうになった。記憶によれば、ぼくは七つの卒業試験を数日間ぶっ通しで受けたことになっていたけれど、調べてみると、最初の四つの試験とあとの三つのあいだに、土日を挟んでいた。こういう事実に関しては可能なかぎり確認作業をして、オックスフォード卒の旧友たちにも確かめるようにした。それでも不安な箇所は、詳細を省いたり、「ぼくの記憶では」と但し書きを付けたりするようにした。誤りの取り残しがなければいいのだが。

原稿を読んだ数人の友人は、ぼくを実際よりもずっと勤勉な人物だと思ってしまった。これは読者が興味をいだきそうな、大学での勉強について書いた部分が多いからだろう。けれどぼくは、友人と遊んだり、パーティーやバーに行ったりすることにもたくさんの時間を費やした。ところどころでそういう話にもふれているけれど、読者にしてみればあまり興味のない話だと思われたので、人とのつきあいについてこと細かには書かなかった。一日じゅう勉強ばかりしていたわけではなく、むしろ勉強と遊びのバランスがだいじだと確信を持っていた。大学時代の同級生は、ぼくが出会ったなかでも際立って頭のいい人たちというだけでなく、際立っておもしろい人たちでもあった。

ぼくはずっとオックスフォードが大好きで、変に思えるかもしれないけれど、この本の執筆中にも、「うわ、オックスフォードって大したもんだな！」と思う瞬間が何度かあった。例えば、かの有名な〝ケンブリッジ学者〟のスティーヴン・ホーキングがオックスフォード卒と知って驚いた。偉大な建築家のクリストファー・レンもそうだし（オックスフォードには建築学科がないのに）、俳優のヒュー・グラントもそうだ（オックスフォードは俳優を輩出することで有名というわけではないのに）。日本の次の天皇、皇后がオックスフォードに在学されたことも、じつにうれしい。

紙幅に限りがあるため、オックスフォードのあらゆる側面を余すところなく探究できなかったことを、ご理解くだされば と思う。それだけで一冊の本に値するような話題はいくつもある。九〇〇年に及ぶ大学の歴史。オックスフォード卒のノーベル賞受賞者。各カレッジの個性と歴史。最も有名な英語辞典にまつわる物語。オックスフォード卒の偉人伝……。実際に、こういう話や、そのほかたくさんの話題を扱った本が出版されている。ぼくの書棚には、オックスフォードの〝スカウト〟（校僕）をテーマにした本まである。

もしぼくのチューターたちに憑依されて課題図書リストを渡すとしたら、ぼくはこう言うだろう。「次週のきみの課題は〝オックスフォードは世界一の大学の名に値するか？　その理由は？〟だ。オックスフォード史を最低でも二冊は読む必要がある。ハーディやウォーの本は、読みものとしては楽しいが時代遅れだ。ジョイスのは著しく個人的で、うわっつらをなでているだけだが、とっかかりとしては妥当なところだろう……」

訳者あとがき

本書の訳出にあたっては、訳稿を著者に送ってチェックを受け（ご存じのとおり、コリンさんは日本語が堪能だ）、指摘に応じて訳稿を修正していった。訳文に著者の直接のチェックが入るという経験は、ほぼ初めてだったので、著者から訳稿についての最初の返信が来たときは、情けない話だが、メールを開くのが正直恐ろしかった。

ところが予想に反し、冒頭のあいさつから修正箇所の指示に至るまで、返信には訳者への心遣いがあふれていた。訳者の力不足を責めるどころか、「小うるさいことを言ってごめんなさい」、「ぼくの書きかたがあいまいだったせいで誤解を招いてしまいました」など、どこまでも相手の立場を慮る言葉が並ぶ。もちろん、訳文をチェックする目は鋭く、厳しい。だが、訳文のどこが、何が自分の言いたいことと異なっているのかが、いくとおりもの表現でていねいにつづられ、その〝わからせる力〟に、並外れた知性が感じられた。

本書を訳すだけでなく、著者と訳稿をめぐるやりとりをしたことで、オックスフォード大学の教育は、著者の知性や人柄に大きな影響を及ぼしたのではないかと考えずにはいられなかった。本書に限らず、著者の作品には飽くなき好奇心、偏見を持たないニュートラルな姿勢が感じられる。そういう〝つねに学ぶ〟姿勢は、著者のもともとの資質でもあるのだろうが、大学での勉強を通じてさらに磨かれたのではないか。

また、著者の作品にはいつもオリジナリティが強く感じられる。著者は日本文化を観察した作品を多く書いているが、どれひとつとしてありがちな視点からは書かれていない。例えば、居酒屋でなまはげと遭遇したことから長時間労働について考察したり、〝作業療法〟としての銀杏拾いについて論じたり（『新「ニッポン社会」入門』）。オックスフォードのチューターには受け売りの意見など通用しなかったはずだから、独自の視点を養ううえで、チュートリアルでの切磋琢磨もひと役かったのではないだろうか。

そして論理的な思考。自分がなぜそう考えるのか、感じるのかを徹底的に、客観的に突き詰め、それを平易な言葉にして他者に伝える。その説得力たるや、圧倒的だ。この力も、大学での毎週の小論文の作成、チューターやほかの学生との討論によって培われたのだろう。

さらには他者へのあたたかいまなざしも、著者の個性の大きな一部だ。著者は大学で、知力のみならず人格的にも優れた人物に出会っている（例えば、ディロー先生やダンバビン先生）。そういう人たちとの交流もあって、他者をたいせつにする心が育まれたのではないだろうか。

オックスフォード大学で得られるものは、華麗なる学歴や学位だけではない。自分の頭で考え、考えたことを言葉にし、それを他者にしっかりと伝える力が、確実に養われる。その力は、オックスフォード卒という学歴や、それがもたらす収入や地位とは別の次元で（そしてはるかに重要なかたちで）、のちの人生に大きく関わってくるように思う。日本では二〇二〇年をめどに教育改革が予定され、大学入試改革も目玉だという。しかし、真の〝改革〟を目指すなら、大学への入り口をいじるよりもまず、大学そのもののありようを真剣に考え直すべきなのではないかと、本書を通じて改めて感じた。

編集者によれば、著者は訳者あとがきについて、「ぜひお願いしたい、でも照れるからぼくのことはあまりほめないで」とコメントしたそうだ。ユーモアと含羞の感じられるこの言葉からも、人柄がしのばれる。著者の意向に反して（？）、ほめ言葉だらけの原稿になってしまったことをお許し願いたい。

菅しおり

著者　コリン・ジョイス　Colin Joyce

1970年、イングランド・ロムフォード生まれ。地元の公立校に進んだのち、熱意あふれる教師たちの尽力もあって、オックスフォード大学のセント・アンズ・カレッジに入学を果たす。1989～92年にかけて古代・近代史を学び、第一次学士試験で第一級を取って奨学生に選ばれた。そして卒業試験でも第一級を取って、希少な〝ダブル・ファースト〟(二冠) を達成した (ただし本人はこの偉業をひけらかすことを好まないので、どうかご内密に)。

卒業後は神戸で日本語を学び、イギリスの新聞の東京特派員を務めた。著書に『「ニッポン社会」入門』、『驚きの英国史』、『マインド・ザ・ギャップ！　日本とイギリスの〈すきま〉』(NHK出版)、『新「ニッポン社会」入門』(三賢社) などがある。現在はイングランド・コルチェスター在住。

訳者　菅しおり　すが・しおり

翻訳者。訳書にダイアナ・ナイアド『対岸へ。～オーシャンスイム史上最大の挑戦』、エイミー・ロレンス『インヴィンシブル～アーセナルの奇跡』(三賢社)、エド・シーサ『2時間で走る』(河出書房新社) スティーヴン・パーク『ル・コルビュジエの住宅　3Dパース全集』(エクスナレッジ) などがある。

装丁：西 俊章

写真提供：著者
本文組版：佐藤裕久

カバー写真＝オール・ソウルズ・カレッジ

なぜオックスフォードが世界一の大学なのか

2018年3月5日　第1刷発行

著者　コリン・ジョイス
訳者　菅しおり

発行者　林 良二
発行所　株式会社 三賢社
〒113-0021　東京都文京区本駒込4-27-2
電話　03-3824-6422
FAX　03-3824-6410
URL　http://www.sankenbook.co.jp

印刷・製本　中央精版印刷株式会社

Printed in Japan
ISBN978-4-908655-09-8 C0036